SÉRGIO PEREIRA COUTO

2ª edição

SOCIEDADES SECRETAS

Desta vez, eles podem ter ido longe demais...

São Paulo
2010

UNIVERSO DOS LIVROS

Diretor Editorial
Luis Matos

Assistente Editorial
Noele Rossi
Talita Gnidarchichi

Preparação
Sandra Cristina Ribeiro

Revisão
Juliana de Cássia Ribeiro
Guilherme Laurito Summa

Arte
Cláudio Alves
Fabiana Pedrozo
Stephanie Lin

Capa
José Antonio Martins

Dados Internacionais de Catalogação na Publicação (CIP)
(Câmara Brasileira do Livro, SP, Brasil)

C871s Couto, Sérgio Pereira.

Sociedades Secretas / Sérgio Pereira Couto.
– 2.ª ed. – São Paulo : Universo dos Livros, 2010.
128 p.

ISBN 978-85-7930-135-3

1. Sociedades secretas. 2. Maçonaria. 3. Rosa Cruz. 4. Templários. I. Título.

CDD 133.06

Universo dos Livros Editora Ltda.
Rua Haddock Lobo, 347 – 12º andar • Cerqueira César
CEP 01414-001 • São Paulo/SP
Telefone: (11) 3217-2600 • Fax: (11) 3217-2616
www.universodoslivros.com.br
e-mail: editor@universodoslivros.com.br

ÍNDICE

CAPÍTULO 1
ORDENS SECRETAS

A busca pelo conhecimento sempre moveu a humanidade.
Mas a curiosidade pode nos levar a lugares que não imaginamos e trazer surpresas, muitas vezes, inexplicáveis.

Já parou para pensar nas ligações entre o Priorado de Sião, Hugo de Payens, os Cavaleiros Templários, Maria Madalena, Rennes-le-Château, o clã escocês Orkney e outros?

Olhei para Gabriel sem entender. Na agência de publicidade em que trabalhamos, temos certa liberdade para discutir assuntos que podem, em outros lugares, ser um tanto polêmicos. Gabriel era um verdadeiro especialista no assunto. Sempre discutimos sobre os mais diversos pontos esotéricos, além de sermos fissurados em debates a respeito de Sociedades Secretas. Depois que uma colega nossa apareceu com um exemplar de *O Código Da Vinci*[1] embaixo do braço, não paramos de falar sobre o assunto... Até aquela manhã, quando fomos convidados a nos juntar ao famoso site de relações pessoais: o Orkut[2].

Aceitamos o convite sem saber o que esperar de uma página de Internet dedicada a classificar amigos e indicar níveis de popularidade. Gabriel foi o primeiro a inscrever-se e navegar pelas páginas, que nem sempre ficam no ar. Nada que já não tinha visto em outros sites de bate-papo. Foi quando algo me chamou a atenção: as tais "comunidades", ou seja, páginas que reúnem interessados em um mesmo assunto e fazem com que ideias sejam trocadas, opiniões exprimidas e encontros marcados. Sou jornalista e trabalho como redator. Qualquer ferramenta que possa me colocar em contato com fontes é bem-vinda, por isso quis saber mais sobre o site.

---

1 BROWN, Dan. *O Código Da Vinci*. Rio de Janeiro: Editora Sextante, 2004. [N.E.]

2 Orkut (www.orkut.com): site de relacionamentos que se tornou mania em todo o mundo. Nele, também é possível encontrar comunidades que reúnem pessoas por interesses comuns. [N.E.]

– Já sei! – disse a Gabriel – É possível procurar uma comunidade por um determinado assunto?

– Parece que sim... – respondeu ele, sem tirar os olhos do horrível tom "azul-calcinha" que domina o site – O que você quer achar?

– O que você me diria se encontrássemos mais loucos que, como nós, se interessam por Sociedades Secretas?

– Parece que aqui tem de tudo. Vamos tentar.

Ele clicou em *search* e digitou *secret orders* (sociedades secretas). Uma comunidade criada na Inglaterra apareceu e demos uma olhada. Foi de lá que retirei o texto citado acima. Dei risada e olhei para Gabriel com ar misterioso:

– A ligação parece óbvia, meu caro. A Ordem de Sião protege o suposto casamento de Jesus com Maria Madalena, registrado em documentos guardados pelos Cavaleiros Templários, ordem de Hugo de Payens, encontrados nas ruínas do Templo de Jerusalém.

– E onde diabos entra o resto dos itens citados?

– Como vou saber? Nem sou iniciado.

Gabriel parou de digitar e olhou-me sério:

– Sabe que tenho um tio maçônico? De vez em quando, ele deixa escapar algumas coisas sobre a ligação entre a Maçonaria e os Templários. Mas nunca sei se ele fala a verdade ou apenas contribui para a propagação do mistério maçom.

– Se é seu parente, você também poderia entrar. Nunca pensou nisso?

– Já, mas meu negócio é outro. Prefiro os encontros de jovens promovidos pela Igreja Católica. Pelo menos, não têm tantos segredos.

– Mas, meu caro, o que mais atrai as pessoas a este assunto é justamente a aura de segredo que essas Sociedades possuem. Será que *O Código Da Vinci* seria o sucesso que é hoje se não possuísse esse ar?

– Se levar isso em conta, *Harry Potter*[3] é tão misterioso quanto *O Código Da Vinci*.

Ri da comparação. Gabriel tinha nome de anjo, frequentava a juventude católica e já tinha comparecido a encontros mundiais na Europa, promovidos pelo Vaticano. Era bastante atípico e sugeria alguns itens de debate em que eu não teria pensado. O que me dava uma ideia...

– Ei, Gabriel, que tal bancar o agente secreto?

– Como é? Está maluco?

– Não, não estou. É uma ideia que me surgiu agora. Primeiro, tenho que acionar um contato meu, depois te falo.

Voltei correndo para minha mesa e procurei a agenda eletrônica. Achei o número de uma editora de livros e liguei. Não preciso dizer que o editor achou a ideia maluca, mas que poderia dar certo se tivéssemos o material adequado. Claro que isso denotaria certo cuidado, pois o terreno dessas ordens é perigoso para quem não é iniciado, o que poderia nos colocar em uma situação perigosa. Porém, a perspectiva de sucesso estava no ar. Voltei para a mesa de Gabriel e puxei uma cadeira. Expliquei, detalhadamente, o que pretendia; ele me olhava como se eu estivesse delirando:

– Um livro contando como são as ordens secretas, vistas por dentro? Você realmente deve ter pirado!

– Não, não pirei. Claro que é impossível fazer sozinho; podemos ir aos lugares juntos ou nos revezar. Depois, é só reunir os dados colhidos, montar os capítulos e temos um trabalho digno da lista dos *best sellers*!

Ainda assim, Gabriel me olhava desconfiado:

---

3 Da autora J. K. Rowling, a história de Harry Potter, um garoto que teve os pais assassinados por um bruxo poderosíssimo, é contada em sete volumes, todos publicados no Brasil pela Editora Rocco. A história leva a discussões metafísicas e aborda o eterno confronto entre o bem e o mal. [N.E.]

– Meu caro, pense bem. Não estamos nas páginas de *O Código Da Vinci* nem em uma aventura filmada para os cinemas. Isto é a vida real. E se sofrermos alguma perseguição?

– Você mesmo disse que a afirmação de *O Código Da Vinci* sobre o Opus Dei não corresponde à verdade, não é?

Referia-me ao fato de o livro de Dan Brown colocar esse braço da Igreja Católica como um dos responsáveis pela perseguição dos personagens principais, ameaçados de morte por um monge albino. Gabriel riu da lembrança e repetiu:

– E é mesmo. Mas vamos atrás de quê? O Santo Graal está na Inglaterra, alguns mistérios dos Templários estão na França e mesmo os Rosacruzes já não são mais o que eram.

Dei de ombros.

– O templo deles, em São Paulo, sempre me pareceu extravagante. Quero dizer, aquelas entradas com esfinges de ambos os lados do caminho, a enorme porta dupla de bronze e os símbolos... Dei uma olhada no site deles. Falam tanto de amor e fraternidade que chega a ser chato. Mas devem ter um motivo para manter esta aparência, não acha?

Meu chefe passou pela frente e olhou interessado:

– Se vocês dois não se importam, eu gostaria que continuassem com o trabalho e deixassem a sessão *Arquivo X* para depois – aproximou-se de nós e baixou o tom de voz – De preferência, quando eu também puder fazer parte dos debates.

Olhei para Gabriel e ri. Voltei para minha mesa e verifiquei o relógio. Faltavam apenas alguns minutos para o horário do almoço e a ideia do livro estava, insistentemente, na minha cabeça. Abri o editor de textos e comecei a esboçar algumas linhas sobre como seria o capítulo introdutório. Enviei uma cópia ao Gabriel por e-mail e esperei seu comentário. Cinco minutos depois, meu telefone tocou:

– Você não vai acreditar... – disse Gabriel, com o tom de voz bem sério.

– Acreditar em quê?

– Você já acabou o seu registro no Orkut?

– Falta só acrescentar a foto. Por quê?

– Acesse agora e ponha a maldita foto. Depois, entre naquela comunidade que vimos. Ligue-me em seguida.

Desligou. Olhei para o aparelho sem entender, coloquei-o no gancho e fiz o que foi recomendado. Parecia tudo em ordem, até o momento em que prestei atenção nos tópicos de discussão postados. O título de um deles era: *Procuram-se interessados em escrever livro sobre Sociedades Secretas.* "Lá se vai minha ideia original", resmunguei comigo mesmo e acessei.

O texto não poderia ser mais estranho:

Interessada em divulgar os mistérios de determinadas ordens secretas procura pessoas que estejam dispostas a transformar o material em um livro para publicação. Entre em contato pelo e-mail oráculo@yahoo.com.

Enviei o e-mail. Pouco tempo depois, chegou uma resposta:

Posso colocar você dentro dos lugares mais improváveis ligados às ordens secretas. Tenho apenas duas condições: não aparecer em público e que você se comunique comigo apenas por e-mail. Caso esteja interessado, envie-me as ordens que você escolheu e aguarde meu contato. Oráculo.

Copiei o e-mail para Gabriel e liguei para seu ramal:

– Que coisa de maluco é essa?

– Não sei, Gabriel, mas me parece sério. Quer arriscar?

– E se sumirem conosco?

– Pense bem, seu panaca. Podemos verificar essas ordens por dentro, publicar um livro e ainda ser famosos.

– E por que esse Oráculo não quer aparecer?

Pensei um pouco.

– Pode ser um membro renegado. Ou, quem sabe, seja como a personagem do universo do Batman, uma gostosona que dá ordens de longe...

A ideia pareceu ter agradado ao Gabriel.

– Ei, legal! E faz sentido, pois muitas dessas ordens não admitem mulheres até hoje. Mas que é estranho, é!

– E aí, vamos nos preparar ou não?

Gabriel ficou um pouco indeciso por telefone:

– Podemos nos locomover somente nos finais de semana?

– Que observação estúpida! Claro que sim! A maioria dessas ordens só se reúne mesmo aos sábados e aos domingos, não é?

– Que eu saiba, sim.

– Então, vamos lá.

Gabriel respirou fundo:

– Está bem. Vou avisar à minha namorada de que, se eu sumir, a culpa será só sua.

– Aceito o risco. E ainda pago o funeral.

– Ok, engraçadinho. Vou reunir alguns arquivos e te encontro no almoço para discutirmos.

Desliguei o telefone e pensei no quanto a ideia parecia "coisa de cinema". De repente, chega um novo e-mail. Remetente: *Oráculo*. "Mas... como...", gaguejei.

Sei que você e seu amigo aceitarão a incumbência. Lembre-se, apenas, de que as descobertas feitas podem ser verdadeiras ou não. Depende de como vocês tratarão o material que irão colher. Aguardem o próximo contato. Oráculo.

CAPÍTULO 2
ROSACRUZ

Conceda que palavra alguma me escape
contra minha vontade, sendo imprópria para a
necessidade presente.[1]

1 Extraído do livro *Místicos em Oração*, da Biblioteca Rosacruz. Trata-se de uma publicação eletrônica que contém 90 citações de ensinamentos da Ordem Rosacruz. Pode ser encontrada em: http://www.amorc.org.br/. [N.E.]

O sábado amanheceu bonito e com sol. Não costumo acordar tarde, mas quis estar descansado para entender melhor o que veríamos naquele dia. Gabriel e eu estávamos com tudo pronto para fazer uma visita informal ao templo Rosacruz de São Paulo. Não fazíamos ideia do que encontraríamos no enorme prédio em formato de templo egípcio. Sem saber bem o que levar – um gravador ou qualquer outro material normalmente usado em tarefas jornalísticas só assustaria as pessoas –, deixei tudo de lado e fui apenas com a cara e a coragem. "Um relato do ponto de vista do visitante interessado", pensei, deve soar melhor do que algo forçado.

Esperei ansiosamente até pouco depois do meio-dia, quando Gabriel me apanhou de carro. No caminho, discutimos a melhor maneira de entrar no espaço sem chamar atenção.

– Ainda acho que deveríamos pedir autorização – reclamou Gabriel.

– Calma, nós vamos pedir assim que tivermos uma ideia do que há por lá.

– E se não derem?

– Não revelaremos ao mundo que eles comem criancinhas ou algo assim. Só faremos um relato sobre como são, do ponto de vista de quem os procura pela primeira vez. Calma, não estamos cometendo nenhum crime.

Eu olhava atento para uma relação de páginas da Internet que havia levado para estudar no caminho. A maioria delas eram indicações que recebi por e-mail da misteriosa Oráculo, como, por exemplo, a página oficial da AMORC (Antiga e Mística Ordem *Rosae Crucis*). Conheço um pouco de história do Egito Antigo e na AMORC é possível perceber forte influência do monoteísmo do faraó Akhenaton (ou Amenófis IV), considerado o Faraó Herege e personagem de vários romances históricos, incluindo obras espíritas.

– Você acha que essa Oráculo é séria?

A voz de Gabriel despertou-me de alguns devaneios.

– Como assim?

– Ah, esse mistério todo... Parece coisa de filme norte-americano, não acha?

Ri um pouco do absurdo que estávamos vivendo. Realmente, estávamos indo atrás de contatos enviados por alguém que não queria aparecer, mas parecia saber que tudo isso acabaria publicado. Pensei em qual seria a motivação de alguém assim, mas como a situação cheirava mais a um engodo do que a um ato terrorista, dei de ombros para Gabriel:

– Vamos deixar para ver isso depois – disse – No momento, é bom nos preocuparmos em chegar ao Templo.

– Loja, você quer dizer.

– Qual a diferença?

– Um templo é mais voltado à adoração. No caso da Ordem Rosacruz, é apenas um lugar de reunião e estudo, diferente de uma igreja.

Olhei espantado para meu colega.

– Você já esteve lá?

– Tenho amigos que são rosacruzes. Quase me tornei um, mas não curto muito essa história de dar dinheiro. Se bem que seus livros são muito interessantes.

– Não sabia disso. Tem que dar dinheiro? – de certa forma, pensei comigo mesmo, só assim alguém poderia manter um prédio em plena capital paulista com o formato de um templo egípcio.

– São R$ 20 de inscrição e mais R$ 53 por três meses de estudos. Meio caro, não acha?

– Bem – apontei para o prédio que já surgia ao longo da rua –, vamos ver se compensa ou não.

Gabriel estacionou o carro em uma rua próxima e caminhamos dois quarteirões até a Loja. Sempre passei em frente ao edifício, mas nunca tinha parado para admirá-lo. É incrivelmente bem cuidado e possui uma bela avenida de esfinges no meio de um jardim que delimita um terreno em formato retangular, com direito a árvores nos cantos, inclusive uma goiabeira. As esfinges de calcário são levemente pintadas para realçar os traços, tanto de seus rostos, quanto dos hieróglifos inscritos dos lados. O caminho por entre elas leva aos enormes portões de bronze, que possuem mais de dois metros de altura e guardam a entrada do edifício, também em formato retangular. No meio dos portões, há o símbolo Rosacruz: um triângulo invertido com uma cruz no meio, as letras R+C em sua base e um círculo que rodeia o desenho. Nas laterais da fachada, há enormes janelas com vidro fumê e, no topo, as palavras *Ordem Rosacruz AMORC* gravadas na pedra, no melhor estilo egípcio. Os portões estavam abertos, o que significava que éramos bem-vindos. Subimos as escadas e paramos para olhar o interior, que era ainda mais assombroso e impressionante do que o exterior.

O saguão de entrada tinha forma retangular e, no meio, outro jardim com uma única esfinge apontada para a porta, semelhante às suas irmãs externas. Nas pontas do retângulo, havia uma passagem em cada lado, uma para cima e outra para baixo. À esquerda, havia uma sala com exposição de obras de arte de pintores rosacruzes; à direita, uma espécie de salinha de espera. Várias pessoas passavam com ar atarefado. Olhei para Gabriel, que também parecia extasiado.

– Incrível o visual, não é? – disse uma voz atrás de nós.

Viramo-nos quase simultaneamente. Era uma senhora muito simpática, com óculos de aro de tartaruga e roupa de bibliotecária. Deveria ter 45 ou 50 anos.

– Olá, meu nome é Valéria. Sou encarregada de receber o público.

– Oi, viemos conhecer a Loja – disse, sem saber ainda como agir.

– Que ótimo! É sempre bom conhecer pessoas novas.

Gabriel olhou interessado para um enorme quadro que ficava à nossa esquerda, no qual foram retratados alguns egípcios antigos dentro de um templo. Dava para ver algumas entidades do panteão antigo retratadas nas paredes, o que só aumentou nossa confusão sobre qual seria a verdadeira missão daquela sociedade. Apresentamo-nos e ela logo iniciou seu trabalho de exposição:

– Onde vocês ouviram falar sobre nós? – perguntou Valéria.

– Eu leio muito e conheço pessoas que já são rosacruzes – respondeu Gabriel – Eu próprio quase me tornei um, mas vocês são muito caros.

– Não cobramos mais do que a Maçonaria, por exemplo. Além disso, o conhecimento pessoal vale mais do que vocês podem imaginar. Vamos, inicialmente, conhecer a Loja e depois entramos para conversar.

– Podemos mesmo? – perguntei.

– Algumas coisas são abertas ao público, outras são apenas para os associados. Mas todas valem a pena serem vistas. Venham, vamos começar por aqui.

Ela nos apresentou a entrada. Na sala com a exposição de arte, vimos alguns quadros com cores nítidas e símbolos que Gabriel logo reconheceu:

– Ei, este é interessante – disse, apontando para um quadro com fundo azul em que se viam dois triângulos, um normal e outro de ponta-cabeça, ligados pelo vértice. No meio, ficava a cruz com a rosa – Li algo a respeito dessa simbologia n'*O Código Da Vinci*[2].

– Trata-se de uma simbologia antiga – explicou Valéria – que faz parte de conceitos básicos da Ordem. Sabe, são

---

2 Op. Cit., pgs. 254 a 257. [N.E.]

partes que se complementam. O triângulo normal é a faca, o invertido é o cálice. Um representa o sexo masculino; o outro, o feminino.

– Essas eram representações antigas dos sexos. Datam de antes de os símbolos que conhecemos hoje serem adotados oficialmente.

– Que interessante! Quer dizer que vocês já possuem certo conhecimento. Isso será útil, caso decidam juntar-se a nós.

– Antes de continuar – falei num tom sério –, dava para você fazer uma pequena introdução?

– Claro. A ordem Rosacruz AMORC é definida como uma organização internacional de caráter místico-filosófico, que tem por missão despertar o potencial do ser humano e ajudá-lo em seu desenvolvimento, tanto material quanto espiritual.

– Interessante. Mas o que vocês consideram "desenvolvimento"?

– Por exemplo, o desenvolvimento pessoal implica em maior capacidade para superar os desafios da vida e no uso pleno de seu potencial individual como ser humano. Isso sem falar no autoconhecimento, que gera uma interação muito grande com seu Eu interior.

– Como a Ordem começou? – perguntou Gabriel.

– O começo remonta à Europa do século XVII, quando foram publicados três manifestos rosacruzes, que estabeleciam seus objetivos e sua metodologia. A forma atual da AMORC foi restabelecida no começo do século passado, por volta de 1915, nos Estados Unidos.

– Peraí! E a história do Rosenkreuz?

Valéria deu um sorriso.

– Pelo visto, vocês pesquisaram bem. É raro vir alguém aqui que já conheça algo da nossa história. Venham, vamos passar para o andar de baixo.

Saímos da sala das pinturas e descemos um pequeno lance de escadas que nos levou a um hall de entrada. No extremo esquerdo, havia uma rampa que levava a um bazar. Entramos nele.

– Aqui, temos um bazar permanente, que é mantido com doações dos associados.

Havia vários objetos, de utilidades caseiras a porta-incensos, de pequenas imagens egípcias a livros e exemplares de revistas esotéricas. Um leve odor adocicado de incenso pairava no ar. Valéria apontou para uma porta em frente ao bazar.

– Aqui, temos a sala dedicada às crianças: com jogos, livros, brinquedos e outras coisas. Mais à frente, vemos a sala onde seus rituais acontecem.

Neste momento, algumas crianças saíram da sala indicada. Olhei-as e elas devolveram-me um sorriso. "Isto parece mais um centro espírita kardecista", pensei. O ambiente era muito bom e todos pareciam amigáveis.

– Acho que elas estão se preparando para algum ritual. É aberto ao público; por isso, se vocês quiserem ver...

– Legal, mas acho que não conseguirei ficar muito tempo trancado em uma sala com um número grande de crianças – falei, com o olho na porta da sala de ritual, que estava coberta por uma cortina. Uma fresta mostrava um altar erguido no meio, com uma cruz pequena e objetos metálicos que pareciam espadas e punhais.

– É interessante ver como as crianças são curiosas. Elas se prendem a detalhes que os adultos deixam passar batido. Além disso, podem permanecer horas discutindo coisas, como seu papel na escola e na família.

– Como são conhecidas aqui? – perguntou Gabriel.

– "Portadores da espada". Claro que tudo tem a sua simbologia, que é explicada ao iniciado aos poucos. Conforme você avança na hierarquia, mais e mais segredos serão apresentados. Querem ver?

– Talvez mais tarde – falei, olhando para Gabriel. Tinha a impressão de que, por mais simpática que Valéria fosse, não queria revelar muita coisa. Mesmo assim, continuei fazendo o jogo dela – Podemos continuar nosso passeio?

– Claro. Venham por aqui.

Voltamos ao hall de entrada e vimos uma lojinha com muitas coisas à venda: livros, CDs, pirâmides, esfinges e outros símbolos rosacruzes. Paramos em uma mesinha exposta e sentamo-nos para tomar um lanche "por conta da casa", como brincou Valéria.

– Acho que vocês vão querer saber sobre Rosenkreuz, não?

Olhei sem saber o que era aquilo, enquanto tomava um copo de chá.

– Não há muito o que falar – explicou ela – A história geral da Ordem é motivo de constante debate por parte dos nossos historiadores. A verdadeira origem remonta ao tempo do faraó Akhenaton, que, como vocês devem saber, introduziu o monoteísmo no Egito. Por isso, foi acusado de herege pelos sacerdotes das entidades reinantes. Mas o registro mais antigo que conhecemos data de 1597, quando um alquimista europeu percorreu vários países na esperança de criar uma sociedade dedicada às pesquisas alquímicas. Sabemos pouco sobre ele, mas é a ele atribuída a primeira constituição rosacruz e um outro livro, de 1614, chamado *A Reforma Geral do Mundo*[3], que contém um pouco da história da Ordem.

– E esse é o tal? – perguntei.

– Sim. Seu nome era Cristianus Rosenkreuz. Esse livro de que lhes falei conta que ele havia sido enviado a um mosteiro para aprender latim e grego. Um dia, um dos monges levou-o

---

3 O livro *A reforma geral do mundo* foi publicado em 1614 e contava um pouco da história da Ordem Rosacruz. É atribuído a Cristianus Rosenkreuz. [N.E.]

a uma peregrinação pela Terra Santa. Rosenkreuz, então, com apenas 16 anos, terminou sozinho na Ilha de Chipre, pois o monge, já velho, morreu durante a viagem. Daí para frente, ele decidiu viajar pela Arábia e pelo Egito, onde estudou com vários sacerdotes e recebeu conselhos para auxiliá-lo na rotina diária. Mais tarde, Rosenkreuz voltou à Europa com esses conhecimentos, decidido a fundar uma ordem. Porém, poucas pessoas deram-lhe ouvidos, principalmente pelo fato de suas ideias ressaltarem as relações místicas e ocultas do cristianismo com outras grandes religiões do passado.

– Ele optou por fundar uma Sociedade Secreta porque esse tipo de associação estava muito em voga naquela época – explicou Gabriel, servindo-se de uma fatia de bolo de fubá.

– Isso mesmo. Ele voltou à Alemanha, onde conseguiu, muito lentamente, reunir um número razoável de seguidores que começaram a espalhar-se por outros países, nos quais foram bem aceitos. A única exceção foi a França, que é um país com raízes muito fortes no catolicismo e que, portanto, não aceita muito bem certas variações religiosas.

– No país do espiritismo? – perguntei – Curioso... Allan Kardec está enterrado lá e muitas pessoas procuram seu túmulo.

– Não é bem assim. A França ainda é católica e nem mesmo o trabalho de Kardec é reconhecido com força por lá.

– Interessante. Continue.

– Bem, dizem que Rosenkreuz morreu com 150 anos porque quis e não porque tinha que morrer. Quando abriram seu túmulo, em 1604, seus discípulos encontraram, no interior, inscrições estranhas e um manuscrito com letras douradas.

– Nossa, que bizarro!

– Bastante. Mas o que se sabe é que, com o passar dos anos, a Ordem tornou-se ainda mais secreta e centrou-se na tarefa de redescobrir os segredos perdidos da ciência, sobretudo da medicina. Para que novas pessoas pudessem ser admitidas, era necessário que prometessem curar os enfermos confiados a eles e comparecessem a uma reunião pelo menos uma vez por ano.

No mesmo momento, ouvimos uma música de órgão e um coro feminino começou a cantar.

– Esse é o nosso coral de senhoras.

– Sociedades Secretas não são predominantemente masculinas? – perguntei.

– Já foram. Hoje, até mesmo a Maçonaria abriu suas portas para as mulheres. E, como queremos atrair mais pessoas, temos que separar algumas coisas que podem ser apresentadas para o público para que percebam que não temos nenhuma relação com forças ocultas ou com o mal.

– Mas o caráter de segredo faz isso – acrescentou Gabriel – Quem não consegue entrar aqui, já tem uma ideia dessas.

– Mas estamos sempre abertos. Ninguém nunca foi barrado por tentar entrar aqui.

– Você citou a Maçonaria – Gabriel parecia interessado em travar uma discussão sobre o assunto – Se não me falha a memória, li um texto na Internet em que o autor falava que, 100 anos depois de sua fundação, a Ordem Rosacruz sofreu muitos ataques por parte dos maçons. Isso não apenas teria corrompido o que havia de genuíno na Ordem, como também introduzido usos e costumes daqueles que ridicularizavam a fraternidade.

– Sim, mas hoje temos muitos integrantes aqui que são maçons também. Nosso intento é fazer com que as pessoas, por meio do uso desse conhecimento milenar, possam descobrir-se e passar por cima de problemas pessoais, financeiros e temporais.

– Como entra o conceito de Deus nessa história? – perguntei.

– Simples. Deus é a palavra empregada para designar o Ser Supremo ou Ser Cósmico. Sua essência está em tudo e essa consciência compõe a alma humana. Para nós, a Criação é a manifestação dos atributos de Deus. Nós não impomos dogmas, e o estudante é livre para aceitar ou não essas concepções.

Terminamos o lanche e levantamo-nos da mesa. Valéria fez um gesto para subirmos e assim o fizemos.

– Não há muito que ver aqui – disse, no meio do segundo lance de escada. Meu olhar bateu em uma entrada de madeira cuja porta, fechada, mostrava a imagem de dois trabalhadores egípcios, como um enorme mural de templos.

– O que é aqui? – perguntei.

– A entrada do Grande Templo – respondeu, enquanto se dirigia ao terceiro lance de escadas – É aqui que acontecem nossas cerimônias para associados, e elas são abertas, como casamentos.

– Que interessante... – acrescentei, enquanto olhava para a porta – Podemos ver lá dentro?

– Somente quando há uma cerimônia aberta. Daqui a pouco, poderemos ver a entrada dos estudantes que vão subir de nível.

– Como é?

– Nossa principal atividade é o envio semanal de monografias aos estudantes. Elas explicam nossos conceitos e o seu estudo permite a eles subir de grau. Quando isso acontece, há uma cerimônia, presidida por 12 testemunhas, geralmente estudantes mais adiantados, que avaliam a preparação do candidato.

– Doze testemunhas? Como os juízes do "além egípcio"? – perguntou Gabriel.

– O número 12 é uma de nossas simbologias mais fortes. Doze como os juízes, como os apóstolos, como os cavaleiros do rei Arthur na Távola Redonda, entre outros.

Valéria fez um gesto para seguirmos em frente. Olhei a porta e, de repente, ela se abriu. Uma moça muito bonita, loura, vestida com uma espécie de túnica amarela com um capuz atrás, apareceu e me olhou atentamente. Depois, fechou a porta. "Que estranho!", pensei. Olhei para a frente, e meus companheiros já me esperavam no topo da escada. Subi e juntei-me a eles.

– Aqui ficam nossa biblioteca e nosso departamento administrativo. Ela tem um acervo enorme de livros, todos doados.

Antes que ela perguntasse, ou que eu falasse algo, a porta da sala se abriu e uma mulher franzina, de óculos grossos e cabelos vermelhos, saiu para nos receber.

– Olá, meu nome é Bianca e sou a bibliotecária. Estava esperando por vocês.

Olhei para Gabriel sem entender.

– Esperando-nos?

– Parece que vocês têm um amigo interessado em que conheçam o local. Recebi um e-mail que avisava sobre a vinda de vocês e pedia para dar um tratamento especial. Pode deixar, Valéria, apanhe-os de novo daqui há uns vinte minutos.

– Está bem, Bianca. Estão me chamando para atender a um novo grupo de interessados. Volto daqui a pouco – e desceu as escadas.

Era uma situação completamente estranha, mas, mesmo assim, aceitamos o convite de Bianca e entramos na biblioteca.

– Aqui, há tudo o que quiserem saber sobre os assuntos ligados à Ordem – anunciou com orgulho.

A sala, em formato retangular, tinha várias prateleiras, cheias de livros e revistas. Havia algumas pessoas sentadas que consultavam livros e faziam anotações em cadernos.

– Esse é o pessoal que participa de uma espécie de caça ao tesouro – disse Bianca – Eles recebem uma citação, a partir da qual devem achar o livro ao qual ela pertence e anotar tópicos para discussão em grupo.

– Muito interessante – falei.

Gabriel já estava em fase de entrosamento com os estudantes, enquanto Bianca e eu ficávamos na mesa dela, falando em voz baixa.

– Há algo em especial que gostaria de saber?

– Sim. Como é o ritual de iniciação?

– Bem, é uma pergunta que muitos fazem. E não estamos autorizados a divulgar isso, a menos, claro, que você se torne um estudante.

– Nem mesmo uma ideia?

– Bem, posso te contar como era em 1785.

– Vamos lá, então.

Bianca respirou fundo e começou a falar como se recitasse um texto:

– A sala de iniciação possuía um tapete verde e um pedestal com sete degraus. No alto deste, ficava um globo de vidro dividido em duas partes: uma simbolizando a luz e a outra, as trevas. Havia três candelabros que formavam um triângulo; nove cálices indicavam as propriedades masculinas e femininas. Todo membro devia ter um padrinho que o levava a uma sala em que havia uma mesa contendo diversos objetos: uma espada, uma vela, tinta e papel, cera virgem e duas cordas vermelhas. Era perguntado se o estudante queria tornar-se um possuidor da sabedoria verdadeira. No caso de a resposta ser afirmativa, era pedido que abandonasse o chapéu e a espada, além de pagar uma taxa de três moedas de ouro. Depois, suas mãos eram amarradas e a corda vermelha, passada ao redor do pescoço. Aí, seu padrinho batia três vezes à porta da Loja, e o estudante era levado para lá, onde faziam o diálogo quando ela se abria.

– Que diálogo?

– Era assim: "Quem está aí?", dizia o porteiro. "Um corpo terreno que esconde e prende na ignorância o homem espiritual", dizia o padrinho. "O que devemos fazer com ele?" "Matar o corpo e purificar o espírito." "Traga-o para o local da justiça." Os dois entravam na sala de iniciação – continuou Bianca – e o iniciado se ajoelhava diante de um círculo. O mestre segurava um cajado branco e posicionava-se à direita do iniciado, enquanto o lado esquerdo ficava com o padrinho, que segurava uma espada. Ambos vestiam branco. O mestre, então, entoava algo assim: "Filho do homem, eu te conjuro por todos os graus da Maçonaria profana e pelo círculo infinito que cerca todas as criaturas e contém a sabedoria mais elevada. Dize-me por que vieste".

– Muito ritual para pouco tempo.

– Calma, ainda não acabou. O novato respondia: "Para receber a sabedoria, a arte e a virtude." "Vive então", dizia o mestre. "Mas teu espírito deve governar teu corpo. Encontraste a graça. Levanta-te e se livre." O noviço era então desamarrado e levado para o interior do círculo e os dois, mestre e padrinho, seguravam seus objetos cruzados no alto da cabeça do noviço. O mestre proferia o juramento da Ordem e o noviço repetia, dizendo que se comprometeria a guardar os segredos dos outros membros. Ele recebia o selo, a senha e um distintivo, bem como o chapéu e a espada. O mestre, então, começava a explicar alguns mistérios.

– Como a mesa mística? – perguntou Gabriel, que havia se juntado a nós.

Bianca olhou espantada para ele.

– Sim. Muita gente já divulgou essa informação, não é?

– Mais ou menos. Você se espantaria com o que se pode aprender na Internet.

– O que é a mesa mística? – perguntei.

Bianca dirigiu-se a uma das prateleiras e pegou um enorme volume de capa de couro. Abriu em uma página e apontou para um parágrafo em inglês, que explicava:

Mesa mística: divisão feita no chão em nove partes verticais e treze horizontais. As primeiras fornecem os números e as segun-

das, os diversos graus de iniciação. Os principiantes ocupam os degraus inferiores, e pouco se sabe sobre os mistérios da Ordem. O grau mais alto é o de mago, que conhece todos os segredos.

– É claro que muita coisa mudou – disse ela quando terminei de ler – Mas muito ainda se usa, de maneira diferente.

Fechei o livro e olhei em volta. Tudo parecia muito místico e, ao mesmo tempo, atraente.

– Então, vão se unir a nós?

Olhei para trás e vi Valéria de volta.

– Acho que preciso de tempo para digerir tudo isso.

Bianca sorriu e fez um gesto para Valéria.

– Acho que já viram e ouviram demais. Leve-os para ver a iniciação do pessoal, que já está em fila para entrar no Templo. Voltem quando quiserem.

Saímos da biblioteca. Realmente havia uma fila de pessoas se formando nas escadas para entrar por aquela porta fechada que já tínhamos visto antes. Gabriel apontou para um canto da escada e perguntei a Valéria se podíamos ver o interior.

– Infelizmente, não. Mas vocês podem voltar no próximo sábado para ver lá dentro – e apontou para outro lance ascendente de escadas, que levava a uma porta mais simples e fechada.

– O que é lá?

– O pequeno templo. Um lugar mais acessível ao público, onde é feito o Sanctum Celestial, um ritual de meditação aberto, para que possam ver como trabalhamos.

De repente, a porta dupla abriu e um senhor com túnica amarela, a mesma que usava a moça que eu vira antes de entrarmos na biblioteca, apareceu. Ele falava com voz grave e conclamava as pessoas a afirmarem a passagem de grau dos estudantes do primeiro nível. Assim, de um em um, os componentes da fila aproximavam-se da entrada do Templo e falavam uma palavra secreta nos ouvidos do velho, que só permitia o acesso depois de verificada a associação. Estiquei meu pescoço o máximo que pude e vi amplas paredes decoradas com motivos egípcios e uma réstia de luz negra que vinha de dentro, nada mais.

– Não se preocupe – disse Valéria, observando-me – Se houver um casamento, você poderá entrar lá – e dirigiu-se às escadas.

Descemos de volta para a entrada da Loja e vi que estava na hora de irmos embora. Agradecemos pela hospitalidade de Valéria e ficamos de voltar no sábado seguinte para ver como era o Sanctum Celestial. Recebemos alguns folhetos explicativos e descemos a passagem das esfinges. Entramos no carro de Gabriel sem saber o que falar.

– E aí? – perguntou ele.

– Gostei. É bem legal.

– Quer pagar para entrar?

– Não sei. Talvez, se tivesse um pouco mais de tempo para me dedicar a este trabalho...

Nisso, meu celular vibrou. Era uma mensagem de texto. Li e arregalei os olhos.

– O que foi?

Mostrei o visor para Gabriel. *Vocês têm que tomar cuidado e serem imparciais, ou o trabalho de vocês estará perdido. Oráculo.*

– Você deu seu número do celular para ela?

– Como, se nem sei quem ela é? – perguntei, à beira do desespero.

Gabriel me olhou desconfiado, mas não falou nada e preparou-se para ligar o carro. O celular voltou a vibrar e uma nova mensagem apareceu, com um número de telefone. Li e não acreditei.

– Você tem viva-voz? – perguntei.

– Sim, por quê?

– Pegue.

Gabriel puxou debaixo do assento um cabo para ligar ao meu celular. Conectei-o e disquei o número enviado. Uma voz masculina atendeu e deixou-nos atordoados:

– Sagrada Ordem dos Cavaleiros Templários, boa tarde, em que posso ajudar?

CAPÍTULO 3
ORDEM DOS TEMPLÁRIOS

Vós, que sois senhor de vós mesmos, devereis fazer-vos servo dos outros. Quando desejardes estar deste lado do mar, se vos enviará à Terra Santa; quando quiserdes dormir, devereis vos levantar e quando estiverdes famintos, tereis que jejuar.[1]

1 Artigo 661 da *Regra dos Cavaleiros Pobres do Templo.*[N.E.]

Gabriel e eu ficamos por, pelo menos, uns bons dois minutos sem reagir. Parecia que estávamos em um filme de Hollywood, com história de Neil Gaiman[2] ou numa ficção-científica de Isaac Asimov. Desde quando os lendários Cavaleiros Templários subsistiam com linhas de telefone e outros luxos atuais?

– Alô, tem alguém na linha? – perguntou a voz impaciente.

Gabriel, ainda sentado ao volante, fazia gestos para que eu falasse. Confesso que a língua engasgou um pouco, porque não sabia bem o que falar:

– Hã... Sim, alô, meu nome é Sérgio e recebi agora uma mensagem via celular de que deveria ligar para este número...

– Ah, sim, senhor. O chamado veio do nosso relações-públicas. Um momento só, enquanto passo a ligação.

Ouvi um leve ruído, como se alguém tivesse apertado o botão para o aparelho ficar mudo. Olhei para Gabriel, preocupado:

– Quem pode saber de nossa existência? – perguntei – Que coisa mais louca...

– Eu te disse que pessoas da Internet não são confiáveis – respondeu ele, de maneira soturna.

Mexi-me um pouco no banco. Realmente, sentar em um carro e falar no viva-voz de um celular não era bem a minha ideia de trabalho de campo, mas confesso que a expectativa estava quase insuportável. Havia um "quê" de James Bond nesta pesquisa que me atraía.

– Não se preocupem – respondeu a voz no celular – não temos intenção de rastrear vocês.

Demos um pulo quase simultâneo em nossos bancos. Não havia nenhum sinal de que a pessoa poderia nos ouvir.

---

2 Escritor britânico, autor da consagrada série de histórias em quadrinhos *Sandman*. [N.E.]

– Paz, irmãos – respondeu a voz – Sou o contato da Ordem dos Cavaleiros Templários. Recebi uma mensagem de que vocês estavam fazendo uma pesquisa sobre Sociedades Secretas e resolvi colaborar. Meu nome é Hugo e faço parte da Ordem. Estou à disposição de vocês para falar o que quiserem.

Gabriel adiantou-se até o aparelho.

– Senhor... Hugo? – disse, franzindo a testa – Que conveniente!

Olhei para ele sem entender.

– Acredito que seja o senhor Gabriel – disse Hugo – A mensagem falava que um de vocês tem certo conhecimento e é ligado à Igreja Católica. Os papas já não nos perseguem mais, por isso, acho que devíamos nos ater à sua pesquisa e esquecer o resto, não acha?

O dia parecia mesmo cheio de surpresas. De repente, nossa ficha completa estava sendo passada para pessoas que nem mesmo conhecíamos.

– Pode me explicar a referência? – perguntei, querendo quebrar o silêncio constrangedor.

– Mas claro – respondeu Hugo – Vocês devem saber que a Ordem dos Cavaleiros do Templo, que é seu nome real, foi fundada em 1118, na época das Cruzadas, em Jerusalém, com o objetivo de proteger os peregrinos que se dirigiam ao Santo Sepulcro e guardar as rotas de peregrinação que ligavam a Terra Santa às nações europeias. Como ordem de cavalaria militar, formaram a vanguarda e a espinha dorsal dos exércitos dos cruzados na Palestina. Por serem excelentes administradores, fiéis e depositários organizados, tornaram-se banqueiros de papas, reis, príncipes e particulares.

– E o que tem a ver o nome com a história? – perguntei.

– Provavelmente o senhor Gabriel pensa, com razão, que meu nome é uma homenagem a Hugh de Payens, o primeiro Grão-Mestre da Ordem, que atuou nela de 1118 a 1136. Payens era um cruzado e foi um dos fundadores.

– Nove cavaleiros, de procedência flamenga e francesa, apresentaram-se, em 1118, ao rei de Jerusalém, Balduíno II, e ofereceram seus serviços – explicou Gabriel – Eles colaborariam na vigilância e no patrulhamento dos caminhos, realizariam tarefas policiais e defenderiam peregrinos e cristãos em geral de ataques sarracenos (os conhecidos muçulmanos) e beduínos. Hugh de Payens estava à frente desse grupo, embora até hoje não se saiba ao certo se ele agiu por princípio de cavalaria ou se estaria ligado, na França, a Bernardo de Clairvaux, abade que pregou a II Cruzada, em 1144.

– Vejo que anda lendo seus livros com sucesso – disse Hugo, num tom amigável.

Gabriel não gostava do tom e senti que realmente tinha antipatia pelo templário ao celular. Fiz um gesto de calma para ele e apontei o indicador para mim mesmo, dizendo para que me deixasse tocar a entrevista. Ele fez que sim e virou a cabeça para o lado da janela, em clara mostra de irritação.

– Pois bem, Hugo, diga-me uma coisa. Quem eram os nove cavaleiros?

– Além do meu xará, havia Godefroy de Saint-Omer, seu lugar-tentente, cavaleiro flamengo; André de Montbard, que era tio de São Bernardo; Payen de Montdidier e Archambaud de Saint-Amand, que também eram flamengos. Os outros estão envoltos em mistérios, pois só sobraram seus nomes de batismo: Gondemare, Rosal, Godefroy e Geoffrey Bisol.

– Eles se instalaram, inicialmente, pelo que eu saiba, nas ruínas do Templo do Rei Salomão, daí a origem do nome Templários, não é?

– Perfeito.

– O lugar inicial, pelo que me lembro de minhas leituras, é a região das cavalariças abandonadas do Templo. Mais tarde, acabaram por tomar conta de quase todo o local. Daí por diante, ninguém poderia entrar lá ou sair sem a aprovação deles. Isso está em qualquer livro de história: sua influência sobre o rei era tanta, que este atendia a todos os seus desejos e necessidades.

– Lembrem-se, também, de que o palácio de Balduíno é, hoje, a mesquita Al-Aqsa, construída no local onde ficavam os restos do Templo, denominado Haram al-Sherif, ou A Esplanada. O rei, entretanto, logo fez construir um novo palácio junto à chamada Torre de Davi em 1118 e deixou sua antiga morada para os Cavaleiros, que passaram a habitá-la. Suas celebrações aconteciam na Mesquita de Omar, a atual Qabbat al-Sakkra, ou Cúpula do Rochedo. O local foi dedicado a Deus e ganhou o nome de Templo Domini. Ou seja, atuavam completamente dentro do perímetro salomônico, tornando-se senhores absolutos do local.

Gabriel começou a mexer embaixo do assento. Pensei que procurava algo, mas não há muito que guardar debaixo de um banco de automóvel. Enquanto isso, continuei:

– Sabe-se, também, que os Templários iniciais gastaram nove anos sem registrar nenhum confronto. Apenas com orações e meditação.

– Na verdade, – disse Hugo – estavam se preparando para a luta árdua que viria tempos depois. Veja bem: o confronto entre cristãos e muçulmanos não vem dos dias de hoje. E, depois, em uma terra tão complicada de se conviver como Jerusalém, ainda havia o povo judeu. Como vê, o trabalho não era mesmo fácil.

Gabriel, finalmente, tirou a mão debaixo do assento e mostrou-me um pequeno livro sobre os Templários. Abriu-o em uma página em que vi um quadro com os nomes e datas de atuação de todos os grão-mestres. A lista ia de Hugh de Payens até o último, Jacques de Molay, que atuou quando a

Ordem foi supostamente desfeita no confronto entre os Cavaleiros Felipe, o Belo, rei da França, e o papa Clemente V.

– Hugo, fale-me do fim oficial que os Templários tiveram.

– Os Templários fizeram um excelente trabalho, e são considerados uma das maiores forças do cristianismo da época. Após certo tempo, tornaram-se depositários de imensas fortunas e formaram um dos primeiros sistemas bancários existentes. Para se ter uma ideia, a intenção era criar um sistema em que o peregrino pudesse depositar uma quantia em um templo em sua terra natal e retirá-la em uma "filial", por assim dizer, na Terra Santa. A riqueza e a quantia de dinheiro que ganharam terminaram por mexer com a ganância do rei Felipe, o Belo. O monarca tinha grande necessidade de dinheiro, causada pelas incessantes guerras que movia contra os seus vizinhos. Por isso, resolveu apoderar-se dos bens da Ordem e, praticamente, chantageou o papa para conseguir seu intento. Acusados de heresia perante a Inquisição, que já se mostrava corrompida pela ação de Felipe, os Cavaleiros foram caluniados, espoliados e martirizados. Como a maioria foi queimada, muitos dos que restaram retiraram-se para a Escócia, onde se juntaram à Maçonaria.

– O curioso dessa história – disse Gabriel – é que, até então, nunca se havia unido a figura dos Templários ao ocultismo. Esse foi um erro muito grande da parte do papa Clemente V.

– Bem-vindo de volta à discussão – disse Hugo, em tom maroto – É bom ver que podemos contar com a sua participação.

Gabriel ignorou a provocação.

– Eles foram executados em 1314? – falei, olhando para o livro que Gabriel havia me passado.

– Pouco tempo depois do Concílio de Vienne, realizado dois anos antes. Em 13 de outubro de 1307, uma sexta-feira, aconteceu um encarceramento maciço de Templários. Essa é uma leitura possível da origem do mito da "sexta-feira treze". Felipe tinha o apoio de Guilherme de Paris, confessor do rei e inquisidor principal da França. Foi em nome da Inquisição que os Cavaleiros foram torturados até que suas confissões completas fossem extraídas, inclusive a de Jacques de Molay, o último Grão-Mestre.

– A sentença, de acordo com um livro que tenho em mãos – continuei – diz o seguinte: *Ouvidos os Irmãos Geraldo du Passage e João de Cugny, que afirmam terem sido forçados, quando da sua recepção na Ordem, além de muitas outras coisas, a escarrar sobre a Cruz porque, segundo lhes foi dito, aquilo não passava de um pedaço de madeira, estando no céu o verdadeiro Deus. Ouvido o Irmão Guido Dauphin, ao qual foi ordenado, se um dos irmãos superiores se sentisse atormentado pela carne e quisesse satisfazer-se nele, a consentir em tudo quanto lhe fosse solicitado... Ouvido o Grão-Mestre Jacques de Molay, que reconheceu e confessou... Ouvido o Irmão Hugo de Payraud, que exigiu dos noviços, como obrigação, renegassem Cristo três vezes... Considerando que os acusados confessaram e reconheceram seus crimes, condenamo-los ao muro e ao silêncio pelo resto de seus dias, a fim de que obtenham remissão de suas faltas pelas lágrimas do arrependimento.* In nomine Patris...

Hugo parecia mudo do outro lado da linha.

– Desculpem-me – falou depois de um tempo – Ainda me emociono com essa história, mesmo depois de tanto ouvi-la. É uma cena que lembra a execução do corcunda Salvatore e do despenseiro Remigio de Varagine em *O Nome da Rosa*. Posso completar a explicação. Após a leitura da sentença, Jacques de Molay protestou contra "essa sentença iníqua" e afirmou que os crimes de que o acusaram foram inventados. Também Godofredo de Charnay gritou: *Vítimas de vossos planos e de vossas falsas promessas! É o ódio, a vossa vingança que nos pedem! Mas afirmo, diante de Deus, que somos ino-*

centes e os que dizem o contrário mentem miseravelmente! O Arcebispo de Marigny, integrante da comissão que julgou os Cavaleiros, ergueu ao alto sua cruz peitoral e gritou que os dois condenados eram declarados relapsos, pois reincidiram em suas heresias e rejeitaram a justiça da Igreja! *A Igreja os entrega à justiça do rei!*, disse, o que significava a morte. Naquele mesmo dia, no ano de 1314, cerca de 140 Templários, incluindo Jacques de Molay, foram queimados em uma ilha do rio Sena.

– Isso originou a suposta maldição de Molay sobre seus algozes – completou Gabriel.

– Sim – concordou Hugo – Tenho o texto aqui em algum lugar...

– O texto da maldição? – perguntei, meio incrédulo.

– Sim. Ah, aqui está. Diz o seguinte: *Senhor, permiti-nos refletir sobre os tormentos que a iniquidade e a crueldade nos fazem suportar. Perdoai, ó meu Deus, as calúnias que trouxeram a destruição à Ordem da qual Vossa Providência me estabeleceu chefe. Permiti que, um dia, o mundo esclarecido conheça melhor os que se esforçam em viver para Vós. Nós esperamos, da Vossa Bondade, a recompensa dos tormentos e da morte que sofremos para gozar da Vossa Divina Presença nas moradas bem-aventuradas. Vós, que nos vedes prontos a perecer nas chamas, vós julgareis nossa inocência. Intimo o papa Clemente V, em quarenta dias, e Felipe, o Belo, em um ano, a comparecerem diante do legítimo e terrível trono de Deus para prestarem conta do sangue que, injusta e cruelmente, derramaram.*[3]

– E, realmente, os dois morreram no prazo colocado por Molay – falou Gabriel – Quarenta dias depois, Felipe e o

3 *DeMolay Leader's Resource Guide* – Capítulo I, 14ª. Edição – 1993 – Publicado por The International Supreme Council Order of DeMolay. [N.E.]

cavaleiro Guillaume de Nogaret, seu oficial-chefe e principal conselheiro, o qual arquitetou as acusações contra os Templários, receberam uma mensagem dizendo que o papa Clemente V morrera na cidade de Roquemaure na madrugada de 19 para 20 de abril daquele mesmo ano, por causa de uma infecção intestinal. Felipe faleceu em 29 de novembro de 1314, com 46 anos de idade, quando caiu de um cavalo durante uma caçada em Fountainebleau. Guillaume de Nogaret, por sua vez, faleceu em uma manhã da terceira semana de dezembro, envenenado.

Um arrepio correu minha espinha. "Que bizarro", pensei.

– Não entendo uma coisa – falei – Para mim está claro que a natureza da Ordem era apenas militar. Onde entram os aspectos místicos normalmente associados a ela?

– Do simples fato de que muitos dos rituais usados para iniciar um novo membro eram sempre feitos longe dos olhos alheios. Só para se ter uma ideia: a cerimônia de iniciação acontecia à noite na casa do capítulo[4] sob guarda, ou seja, no local onde se realizava a guarda. Os cavaleiros reunidos eram indagados várias vezes pelo grão-prior – uma espécie de mestre encarregado – sobre se possuíam algo contra o noviço. Quando era constatado que ninguém ia falar nada contra ele, o prior repetia as regras da Ordem e perguntava para o iniciante se tinha esposa, família, doenças, dívidas ou se devia vassalagem a qualquer outra pessoa. Na negativa, o noviço ajoelhava-se e pedia para tornar-se um serviçal e um escravo do Templo. Jurava, então, obediência a Deus e à Virgem Maria. No final, o manto branco com a cruz era

4 Capítulo: subdivisão que algumas ordens secretas utilizam para criar segmentos voltados a um determinado público. [N.E.]

colocado sobre seus ombros e ele acabava aceito para o trabalho. Espere só um instante...

Ouvi um barulho no fundo, que parecia ser causado por milhares de crianças gritando animadas. Um baque de porta se fechando e um *cooler* de computador sendo ligado. Hugo voltou logo depois:

– Perdoem-me, mas hoje está acontecendo uma festa da Ordem derivada e está uma verdadeira bagunça. É por isso que não os convido para virem aqui hoje. Mas, em uma próxima oportunidade...

Gabriel olhou interessado para o celular.

– Derivada? Você quer dizer...

Hugo pareceu contente em prender a atenção de Gabriel.

– Já chegaremos lá. Deixe-me só despachar-lhes alguns arquivos por e-mail.

Um barulho de teclado, que durou alguns poucos minutos, foi ouvido. Enquanto isso, Hugo continuou suas explicações.

– Esse segredo que escondia as cerimônias da Ordem alimentou muitos rumores sobre o que realmente acontecia dentro do claustro. Nossos adversários falavam que havia prática de ocultismo e de perversões sexuais, inclusive homossexualismo. A riqueza dos cavaleiros, que se autointitulavam "pobres", despertou a cobiça até dos que eram realmente pobres, o que dirá de Felipe, o Belo. Ele incitou o papa Clemente V a nos acusar de práticas blasfemas, como urinar ou cuspir na cruz, além de outras acusações, como tomar banho em óleo extraído de bebês assassinados ou usar esse mesmo óleo para massagear Baphomet, uma cabeça empalhada que seria identificada por "conspirólogos" como a cabeça mumificada de Jesus Cristo.

Ouviu-se um barulho final de tecla.

– Pronto. Recebi seus endereços com o e-mail que me falava de vocês. Se um de vocês quiser ir até a um cybercafé, poderá ver alguns arquivos que enviei.

Olhei para Gabriel, mas nem precisava. Ele já havia aberto a porta do carro.

– Tem um na rua de cima. Vou até lá.

Bateu a porta e saiu, na maior disparada.

– Ele vai gostar do que vai ver – disse Hugo.

– Continuo sem entender como uma ordem militar ganhou caráter místico.

– A resposta é simples. Algum tempo depois, os sobreviventes da Ordem terminaram por juntar-se às outras ordens existentes, como os Hospitalários. Alguns, traumatizados com o ocorrido, cansaram do papel de religiosos e uniram-se à Maçonaria, de onde veio muito do conhecimento esotérico de que hoje nos valemos. Hoje, aqueles Cavaleiros são considerados os verdadeiros precursores das Sociedades Secretas atuais. No entanto, supõe-se que muito do conhecimento acumulado durante anos foi destruído pelos próprios membros antes da fatídica sexta-feira 13.

– Mas é só por causa da Maçonaria? Então podemos dizer que os cavaleiros de hoje são bem diferentes dos originais?

– Não exatamente. Há um livro, chamado *Les Mystères de Templiers*[5], de autoria do pesquisador francês Louis Charpentier, que vê na história dos Templários a primeira estrada dos espíritas e maçons, construída paralelamente ao súbito e inexplicável aparecimento da arquitetura gótica naquele tempo. Outro ponto levantado é a própria existência da Ordem, cuja origem constitui-se objeto de muitas dúvidas. Oficialmente, tinha como única intenção defender os peregrinos da Cidade Santa contra a intolerância e crueldade dos turcos. Eles mantinham em seu poder o túmulo de Jesus, mas, para

---

5 Charpentier, Louis. *Os mistérios dos Templários*. Rio de Janeiro: Editora Difel, 1978. [N.E.]

muitos historiadores, o estabelecimento de um poder religioso no Oriente próximo teria sido apenas uma desculpa para a aquisição de conhecimentos esotéricos, não divulgados na Bíblia e guardados secretamente no Templo de Salomão. Não se esqueça de que o lugar é considerado sagrado até hoje.

Lembrei-me de fotos e documentários que já havia assistido sobre Jerusalém e pensei nos mistérios que ainda haveria por lá. Muitos arqueólogos querem fazer escavações atrás de pistas, mas os constantes conflitos entre árabes e muçulmanos desencorajam, acima de qualquer outro efeito.

– E também há um outro aspecto – acrescentou Hugo – Para Charpentier, a fundação dos Templários não seria apenas o resultado de uma iluminação de Hugh de Payens, mas sim um plano cuidadosamente elaborado por Bernardo de Clairvaux, possuidor de uma inteligência acima da média. Uma pesquisa histórica mais profunda mostra que suas atividades eram consideradas revoltantes pela Igreja. Ele defendia judeus e convidava "escriturólogos" cabalistas para trabalhar na abadia de Clairvaux, coisa pouco apreciada naquele tempo. Tudo para descobrir um tesouro: as Tábuas da Lei e a Arca da Aliança.

Ri alto:

– Quer dizer que o mentor de seus ilustres antecessores tinha complexo de Indiana Jones?

– Mais ou menos. Conhece Neil Gaiman?

Espantei-me com a referência ao escritor britânico no qual eu mesmo tinha pensado quando achei que estávamos vivendo uma história típica dos filmes de Hollywood.

– Claro. Mas o que isso tem a ver?

– Você deve ter lido a minissérie da Marvel, *1603*, não é?

– Sim, de fato li. Mas ainda não vejo...

– Lembra-se de que os Templários aparecem por lá? Que a história gira em torno de um tesouro descoberto nas ruínas do Templo de Salomão? Livros históricos confirmam que Salomão levou a Arca para Jerusalém após o término da construção do Templo. O Templo era a casa do Senhor, edificado por Salomão para a eterna habitação do Senhor, com a presença da Arca e das Tábuas da Lei como testemunhas. Charpentier diz em seu livro que, sob o pretexto de proteger os peregrinos, Bernardo de Clairvaux enviou um pequeno grupo de cavaleiros à Judeia para fazer uma pesquisa no Templo de Salomão, com a finalidade de recuperar a Arca e as Tábuas. Há, no prefácio do regulamento dos Templários, cuja cópia mandei para vocês, uma passagem referente a uma outra tarefa da Ordem, além da proteção aos peregrinos e da luta contra os muçulmanos, que era a de proteger o tesouro dos Templários. Lembre-se de que foi o próprio Bernardo de Clairvaux quem ditou o texto. Eles se estabeleceram no local em 1119, mas apenas em 1128 é que a Ordem foi oficialmente fundada, no Concílio de Troyes. A justificativa é que o tesouro dos Templários, que lhes permitiria ter um poder incontrolável sobre a Igreja, era a Arca da Aliança, que já teria sido recuperada e levada para a França, protegida por uma escolta militar.

Gabriel já voltara ofegante com uma série de folhas de papel na mão, extraídas de uma impressora a jato de tinta.

– Então, existe mesmo uma Ordem derivada... – falou sem parar para respirar.

Hugo riu ao celular.

– A Ordem de Molay é inspirada nos Templários, mas volta-se para crianças. Temos ligações com a Maçonaria, mas total liberdade de atuação.

Gabriel entregou-me as folhas e passei a vista por elas. O símbolo da Ordem de Molay é um brasão com um elmo em cima de uma coroa com duas espadas nas transversais e uma lua crescente na frente.

– Posso dizer-lhes os requisitos para um garoto entrar nessa Ordem. Ele precisa: 1. Ter menos de 21 e, pelo menos, 12 anos de idade completos; 2. Professar sua crença em Deus e reverenciar seu Santo Nome; 3. Afirmar lealdade a seu país e respeito à Bandeira Nacional; 4. Aderir à prática de moral pessoal; 5. Fazer votos de seguir os elevados ideais típicos das Sete Virtudes Cardeais da Coroa da Juventude; 6. Aprovar a filosofia da Irmandade Universal e a nobreza de caráter exemplificada pela vida e morte de Jacques de Molay; 7. Estar ciente de que o ingresso na Ordem de Molay não lhes garantirá, no futuro, a iniciação em um Corpo Maçônico.

– E as sete virtudes cardeais – continuou Gabriel, lendo uma das folhas – são bem típicas de Maçonaria: 1. Amor filial: louvar o amor entre pais e filhos; 2. Reverência pelas coisas sagradas: o respeito pelo que é sagrado, principalmente o amor que temos pelo nosso Pai celestial; 3. Cortesia: o que ilumina a nossa vida. A nossa Educação; 4. Companheirismo: o amor que temos por nossos irmãos e amigos, que mantêm vivos os ideais de nossa Ordem; 5. Fidelidade: cumprir, conscientemente, seus compromissos junto a seus ideais, a seus irmãos e amigos e ao Pai celestial; 6. Pureza: de pensamentos, palavras e ações; 7. Patriotismo: amor e respeito por sua pátria, seu povo, suas origens. É a busca de ser sempre um bom cidadão, respeitando as leis de seu país.

– Esse clube para rapazes nasceu em 19 de fevereiro de 1919 – explicou Hugo – Em 24 de março, recebeu o nome de Conselho de Molay, mudado, mais tarde, para Ordem de Molay. No Brasil, o primeiro Conselho surgiu em 12 de abril de 1985. Hoje, estamos presentes nas principais capitais.

– Um código de ética bem rígido e conservador – falei, enquanto lia outra folha:

Um DeMolay serve a Deus;

Um DeMolay honra todas as mulheres;

Um DeMolay ama e honra seus pais;

Um DeMolay é honesto;

Um DeMolay é leal a ideais e amigos;

Um DeMolay executa trabalhos honestos;

Um DeMolay é cortês;

Um DeMolay é sempre um cavalheiro;

Um DeMolay é um patriota tanto em tempo de paz quanto em tempo de guerra;

Um DeMolay sempre permanece inabalável a favor das escolas públicas;

Um DeMolay é o orgulho de sua Pátria, seus pais, sua família e seus amigos;

A palavra de um DeMolay é tão válida quanto sua confiança;

Um DeMolay, por preceito e exemplo, deve manter os elevados níveis aos quais ele se comprometeu.

– Pode-se dizer que sim – concordou Hugo.

– Uma última coisa – Gabriel falou – Pode explicar o símbolo?

– Claro! Os componentes estão à sua vista. Basta seguir. A coroa simboliza a Coroa da Juventude, que lembra as obrigações e os sete preceitos da Ordem. Os nove rubis e a pérola honram o fundador e os nove jovens que participaram da formação da Ordem de Molay (Frank S. Land, Louis Lower, Ivan Bentley, Clyde Stream, Gorman McBride, Edmund Marshall, Ralph Sewlle e Elmer Dorsey). No começo, havia uma pérola para cada componente vivo e um rubi para os falecidos. Hoje, o brasão possui só uma pérola, a correspondente ao senhor Jerome Jacobson, o único ainda vivo. O elmo simboliza o cavalheirismo, sem o qual não é possível mostrar a delicadeza de caráter.

– Bem simbólico – falei, olhando para o brasão.

– A lua crescente é um sinal de segredo e lembra ao irmão seu dever de nunca revelar segredos da Ordem ou trair uma confidência. A cruz de cinco braços simboliza a pureza de intenção. As espadas cruzadas denotam justiça, retidão e piedade; nossa luta contra a arrogância, a tirania e a intolerância. As estrelas são os desejos e deveres de irmandade entre os membros da Ordem. O amarelo é luz; o vermelho é força, energia e coragem. Por último, o azul, que equilibra o vermelho e forma o homem perfeito.

Hugo foi interrompido por um barulho de multidão. Alguns segundos se passaram, enquanto aguardávamos.

– Sinto, senhores, tenho de ir. Enviarei a vocês nosso endereço em São Paulo, para que possam visitar-nos assim que for possível.

– Bem, Hugo, obrigado pelas informações.

– Não me agradeçam – disse, em tom enigmático – Mas sim ao contato de vocês. Pelo jeito, ela tem ligações influentes. Não é com todo mundo que posso falar sobre esses detalhes.

A ligação se encerrou.

– Isto é incrível! – falou Gabriel – Já tinha ouvido falar da Ordem de Molay, mas não sabia que era ligada aos Templários que, por sua vez, estavam ligados à Maçonaria.

– O que nos leva à nossa próxima etapa... – falei, com ar cansado – A Maçonaria.

– E como vamos entrar lá?

Dei de ombros. Não fazia a mínima ideia.

– Acho que a Oráculo vai cuidar disso...

Parei de falar enquanto olhava o verso de uma das folhas e via uma mensagem escrita.

– Gabriel, quem te atendeu no cybercafé?

– Uma mulher loira. Muito bonita. Disse que era de lá.

– Descreva-a melhor.

– Um metro e setenta, loira, cabelos compridos, roupas folgadas, lábios bem vermelhos, olhar penetrante. Por quê?

– Parece que a Oráculo colocou alguém para nos seguir. É a mesma mulher que vi abrindo a porta do Grande Templo dentro da AMORC.

Gabriel estava sério. Não gostava da ideia de ser seguido. Ligou o carro e fomos em direção a uma lanchonete para comer e colocar as ideias em ordem.

– Como você sabe? Ou será que era a própria Oráculo?

– Não sei – respondi – Mas deixou um recado.

Virei a folha e mostrei a ele:

No próximo sábado estejam prontos para entrar em contato com a Loja do Grande Oriente.

CAPÍTULO 4
MAÇONARIA

Os maçons juntam-se, fora do mundo profano, nas Lojas onde estão sempre expostas as três grandes luzes da Ordem: um volume da Lei Sagrada, um esquadro e um compasso, para aí trabalhar segundo o rito, com zelo e assiduidade e conforme os princípios e regras prescritas pela Constituição e os Regulamentos Gerais de Obediência.[1]

1 N.E. *Landmark* nº 8, extraído do site do Grande Oriente do Brasil.

A semana demorou demais a passar. Todos os dias, Gabriel e eu encontrávamo-nos no horário do almoço e discutíamos o material colhido na etapa anterior. Sabíamos que a próxima etapa nos levaria mais adiante no mundo das Sociedades Secretas. Para ser sincero, achei que toda a aura de mistério que nos envolvia era apenas um atrativo para que o trabalho realmente saísse como o pessoal da editora queria.

Claro que Gabriel sempre se lembrava de histórias de pessoas que, de posse dos segredos dessas sociedades, desapareciam misteriosamente, ou eram tidas como assassinadas, entre outros fins sombrios. Particularmente, a cada história eu me convencia mais de que não era a nossa intenção revelar os segredos das sociedades, mas sim montar um guia para que o não-iniciado pudesse escolher a que mais o agradasse. Afinal, "a propaganda é a alma do negócio". E como eles iriam querer ampliar seu quadro de afiliados sem aparecer, por mais discretamente que fosse?

Chegou o sábado e preparei-me para o encontro com Gabriel em um shopping da zona sul de São Paulo. Era um dia quente e as pessoas estavam apressadas para fazer compras. "O velho sonho de consumo", filosofei enquanto entrava no local, de olho nas lojas. Subi por uma escada rolante para o primeiro piso e dei de cara com um quiosque que vendia histórias em quadrinhos. Parei um instante para ver os últimos lançamentos, até que me deparei com a *graphic novel* de Alan Moore e Eddie Campbell, *Do Inferno*[2] e parei para folheá-la um pouco.

A história se passa em 1888, em um bairro pobre de Londres, chamado Whitechapel. Um assassino serial, conside-

2 A história ganhou uma versão para o cinema em 2001, com produção de Jane Hamsher, Kevin J. Messick e Don Murphy e direção de Albert e Allen Hughes. Esta, foi muito contestada à época pela comunidade maçônica. [N.E.]

rado o primeiro de destaque da história, matou, de maneira brutal, cinco prostitutas. Nunca se soube quem ele realmente era, a não ser pelas cartas que supostamente enviava para a polícia, em que desafiava seus perseguidores. Em uma delas estava o codinome que o tornou famoso. Em outra, sem assinatura, estava o endereço: *From Hell* (Do Inferno).

Alan Moore preparou esse longo trabalho – no Brasil, publicado em quatro álbuns – em 1988, no centenário dos assassinatos até hoje sem solução. Muitas teorias apareceram para explicar quem Jack, o Estripador seria, indo desde um imigrante polonês louco a um professor desequilibrado. Mas Moore preferiu ir por uma incrível (e infame) teoria da conspiração: Jack era sir William Gull, médico da Rainha Vitória, contratado pela soberana inglesa para "dar um jeito", por meio de chantagens, nas prostitutas que teriam servido de testemunhas do casamento entre o príncipe Albert Victor, duque de Clarence, seu neto e segundo da linha sucessória, com uma plebeia católica. Segundo a teoria, essas prostitutas quiseram chantagear a realeza e Gull teria ido além de simplesmente silenciá-las, matando-as brutalmente e deixando pistas em cada uma das vítimas. Alguns estudos dizem que a localização em que os corpos das vítimas oficiais – em número de cinco – foram abandonados forma um pentagrama sobre o mapa de Londres. Sua afiliação com uma certa ordem secreta serviu para acobertar os assassinatos e não revelar sua verdadeira identidade. A verdade, ao que parece, é que o médico era mesmo membro da misteriosa Maçonaria.

– Isso é pura bobagem – disse Gabriel, que surgiu, do nada, atrás de mim – Todos gostam de uma conspiração, e a Maçonaria já foi acusada de diversas, desde a articulação da Revolução Francesa até a Independência norte-americana.

Assustei-me com a aparição repentina e olhei incrédulo para ele:

– Ei, quer me matar do coração?

– Desculpe, mas a relação entre o que vamos ver e o que você tem em mãos é óbvia demais.

Fechei o álbum e me dirigi ao caixa.

– Vai comprá-lo?

Olhei para a arte da capa, que mostrava a cartola de Gull e as uvas encontradas nas mãos da terceira vítima do estripador.

– Por que não? – olhei para Gabriel em tom desafiador – Pode ser apenas uma história, mas que ninguém sabe o que é a Maçonaria, isso não podemos negar.

– Acha mesmo que eles poderiam estar por trás do episódio de Jack?

– Qualquer Sociedade Secreta com um pouco de poder poderia estar por trás de um fato histórico.

– Isso é... mas... Bom, qual é nossa primeira parada do dia?

Paguei o álbum e olhei para ele, intrigado.

– Está de muito bom humor hoje. Nem parece o emburrado de sábado passado.

– Eu não sabia que o trabalho poderia ficar legal – justificou Gabriel – Além do mais, devo admitir que ter meu nome associado a algo desse tipo é atraente.

Suspirei e coloquei o álbum embaixo do braço. Fiz um gesto para irmos ao estacionamento, onde pegaríamos o carro para irmos a um endereço localizado no bairro da Liberdade.

– Trouxe umas anotações que fiz há alguns anos – disse Gabriel, estendendo-me um caderno velho e ensebado – Estudei a Maçonaria por algum tempo.

– E posso saber por quê? – perguntei.

– Tinha um tio que era maçom. Ele queria me converter, dizia que era bom para a família ter alguém ligado a essa Sociedade Secreta e que me faria muito bem para o caráter etc.

Abri o caderno, que datava de 1990, e comecei a ler alto:

– *Landmarks*?

– Pontos de referência. Foram tirados do Grande Oriente do Brasil, uma espécie de organismo que gerencia a atividade das Lojas maçônicas.

– Outra vez esse conceito de Loja – observei – Por que esse pessoal insiste em chamar seus lugares de atuação de Lojas?

– "Templo" é uma palavra um tanto inadequada quando você estuda conceitos filosóficos – disse Gabriel – Embora seus amigos da AMORC gostem desse nome.

Sorri meio azedo e voltei à leitura.

– Pontos interessantes. Pelo menos, os cinco primeiros:

1) A Maçonaria é uma fraternidade iniciática que tem por fundamento tradicional a fé em Deus, Grande Arquiteto do Universo.

2) A Maçonaria refere-se aos "Antigos Deveres" e aos "Landmarks" da Fraternidade, especialmente quanto ao absoluto respeito das tradições específicas da Ordem, essenciais à regularidade da Jurisdição.

3) A Maçonaria é uma Ordem, à qual não podem pertencer senão homens livres e de bons costumes, que se comprometem a pôr em prática um ideal de paz.

4) A Maçonaria visa, ainda, o aperfeiçoamento moral dos seus membros, bem como de toda a humanidade.

5) A Maçonaria impõe a todos os seus membros a prática exata e escrupulosa dos ritos e do simbolismo, meios de acesso ao conhecimento pelas vias espirituais e iniciáticas que lhe são próprias.

– São os meus prediletos – disse Gabriel, de olho no trânsito – Se bem que são pontos parecidos com os de outras ordens. E não dizem muito sobre o propósito maçônico.

– Hum, isto é interessante: *A Maçonaria impõe a todos os seus membros o respeito das opiniões e crenças de cada um. Ela proíbe-lhes no seu seio toda a discussão ou controvérsia, política ou religiosa. Ela é ainda um centro permanente de união fra-*

terna, onde reinam a tolerante e frutuosa harmonia entre os homens, que sem ela seriam estranhos uns aos outros... Os maçons tomam as suas obrigações sobre um volume da Lei Sagrada, a fim de dar ao juramento prestado por eles o caráter solene e sagrado indispensável à sua perenidade. Eles não admitem debates políticos?

– Parece que não...

Sua fala foi interrompida por uma freada brusca, quando o carro quase bateu no de uma moça, que vinha emparelhado.

– Ei, olha por onde anda! – gritou Gabriel.

Olhei para a motorista e levei um susto. Era a mesma garota que estava no Templo da AMORC. Apontei para ela e gritei:

– Olha lá! É a mulher que estava na AMORC!

Gabriel olhou e franziu a testa:

– Ei, era ela quem estava no cybercafé e quem imprimiu as páginas dos Templários.

Encarei-o com medo.

– É coincidência ela ir para o mesmo lado que nós, na mesma hora?

Gabriel diminuiu a marcha e esperou até que ela sumisse.

– Vamos ver se ela estará no endereço para o qual vamos.

– E se estiver?

Ele deu de ombros e falou sério:

– Caberá a nós fazer um pequeno interrogatório.

Continuamos o caminho sem falar muito, ambos apreensivos pela coincidência. "Deve ser bobagem", pensei, e passei o resto do caminho lendo as anotações de Gabriel sobre a Maçonaria.

– Chegamos – disse, apontando para uma casa grande, branca, com torres ligadas, no melhor estilo castelo medieval, rodeada de um jardim muito bem cuidado.

– Nossa! – falei – O que será aqui?

– Não sei, mas parece ser a casa de alguém bastante influente.

Saímos do carro, abrimos um portão de ferro e tocamos a campainha. Havia uma espécie de ante-sala rodeada de paredes de vidro e plantas no interior. Ao fundo desta, uma porta dupla de madeira com enormes círculos de bronze ao centro.

– Olha lá! – apontei – O símbolo da Maçonaria.

Gabriel olhou e viu gravados os símbolos do compasso, do esquadro e do livro. A enorme porta de madeira se abriu e um senhor, que aparentava ter 50 anos, apareceu vestido normalmente, com calças jeans e camisa azul. Trazia os óculos de aro de tartaruga pendurados pelo pescoço. Parou, como se perguntasse a si mesmo quem éramos. Depois, pareceu lembrar-se e abriu a porta de vidro.

– Olá, como vão? – disse em tom amigável, ao abrir a porta de vidro – Vocês devem ser Sérgio e Gabriel, os pesquisadores. Sejam bem-vindos, meus caros. Entrem em minha casa e deixem um pouco da alegria que trazem.

Olhei, intrigado, para Gabriel. "Casa?", fiz com os lábios. Ele deu de ombros e entrou. Cumprimentamo-nos e o senhor fez um gesto para que o seguíssemos. Quando entramos na casa, deparamo-nos com um excelente ambiente decorado em madeira, que imitava o interior de antigos navios comerciais ingleses. Plantas, móveis de madeira maciça e prateleiras e mais prateleiras de livros completavam o ambiente.

– Por favor, meus caros, venham por aqui – disse, apontando para o que parecia ser um estúdio.

Entramos. O cheiro de madeira era mais forte por causa do sol que entrava pela janela e batia diretamente no chão. Havia gravuras antigas penduradas na parede, um antigo telescópio na janela e milhares de pinturas com os retratos de franceses e americanos, além de pinturas antigas. No centro, havia uma enorme mesa de madeira e um computador conectado à Internet por banda larga. Via-se que estava acessando a página do Grande Oriente de São Paulo, um órgão do Estado, que regula a atividade maçônica local.

– Sentem-se – indicou as poltronas em frente à sua mesa. Depois, apoiou-se nela e olhou-nos, intrigado – Meu nome é Mauro Antunes e trabalho com uma equipe de jovens que cuida da *homepage* do GOSP. Recebi um telefonema de meu superior, da Índia, no qual fui informado de que vocês me procurariam para uma conversa informal sobre a Maçonaria.

– Sim – falei, ainda deslumbrado com o ambiente de Mestre dos Mares que o estúdio possuía – Na verdade, esperávamos conhecer sua sede.

– Isto não será possível, porque hoje não é dia para não-iniciados. Há alguns rituais que se realizarão esta noite e temos que manter a Loja fechada para os preparativos. Mas fiquem à vontade. Querem beber algo?

– Não, obrigado – disse Gabriel, claramente pouco à vontade com tanta gentileza.

– Queremos começar logo.

– Muito bem – disse Mauro, quando cruzava os braços e nos encarava – Podem começar.

– Na verdade, queríamos perguntar-lhe no que consiste a Maçonaria... – comecei.

Mauro olhou-nos bem sério e inspirou fundo:

– A Maçonaria é uma instituição essencialmente filosófica, filantrópica, educativa e progressista. É filosófica, porque trata da essência, propriedades e efeitos em seus atos e cerimônias. Investiga as leis da Natureza e relaciona as primeiras bases da moral e da ética pura. É filantrópica, porque não é constituída para obter lucro de nenhuma espécie. Pelo contrário, suas arrecadações e recursos destinam-se ao bem-estar do gênero humano, sem distinção de nacionalidade, sexo, religião ou raça. Busca-se a felicidade dos homens por meio da elevação espiritual e pela tranquilidade da consciência. É progressista, porque, a partir do preceito da imortalidade do espírito e da crença em um princípio criador regular e infinito, não se apega a dogmas, prevenções ou superstições. Além disso, não põe nenhum obstáculo ao esforço dos seres humanos em busca da verdade, nem reconhece outro limite nessa busca, senão o da razão com base na ciência.

– Quais são os princípios da Maçonaria? – continuei.

– A liberdade dos indivíduos e dos grupos humanos, sejam eles instituições, raças ou nações. A igualdade de direitos e obrigações sem distinguir religião, raça ou nacionalidade. A fraternidade de todos os homens, já que somos todos filhos do mesmo Criador e, portanto, irmãos. Nosso lema é: "Ciência, Justiça e Trabalho". Ciência para esclarecer os espíritos e elevá-los. Justiça, para equilibrar e enaltecer as relações humanas. E Trabalho, como o meio pelo qual os homens dignificam-se e tornam-se independentes.

Gabriel parecia intrigado com as respostas de Mauro. Contou-me, mais tarde, que parecia mais um discurso gravado do que algo espontâneo. Mesmo assim, perguntou:

– A Maçonaria possui um objetivo claro?

– Sem dúvida. Seu objetivo é a investigação da verdade, o exame da moral e a prática das virtudes. A moral é, para nós, uma ciência baseada no entendimento humano. É a lei natural e universal, que rege todos os seres racionais e livres. É a demonstração científica da consciência. Essa maravilhosa ciência ensina nossos deveres e a razão do uso dos nossos direitos. Toda vez que a moral penetra fundo em nossa alma, podemos sentir a verdade e a justiça triunfarem. Da mesma forma, a virtude é a força que nos impele a fazer o bem em seu mais amplo sentido, assim como nos impele ao cumprimento de nossos deveres para com a sociedade e para com a nossa família, sem interesse pessoal. Nossos deveres são: o respeito a Deus, o amor ao próximo e a dedicação à família.

Mexi-me, meio desconfortável. Sentia que havia uma desconfiança por parte de Mauro, ainda mais porque ele sabia que éramos pesquisadores e colhíamos material para um livro. "É normal", pensei, "ele não nos conhece e deve pensar que exporemos a Ordem ou algo assim".

– Qual é sua real origem? – perguntei.

– Bem, isso depende da versão que você escutar. A lenda mais contada é a de que a irmandade surgiu durante o tempo da construção do Templo de Salomão, em Jerusalém.

– Mais uma com origem na Terra Santa – comentou Gabriel.

– Nessa época, o rei teria mandado buscar em Tiro um mestre-de-obras famoso por seus dons de construção, chamado Hiram Abiff. Fez a obra de tal forma que não se percebia, com clareza, o uso de martelos. De fato, para muitos, o edifício era feito de enormes blocos de pedra que se encaixavam perfeitamente. Após a conclusão da obra, entretanto, Hiram foi pressionado por três rivais ciumentos, Jubelo, Jubela e Jubelum, que queriam saber de seus segredos.

– São os nomes citados por Alan Moore em *Do Inferno* – completou Gabriel – Para ele, os assassinatos de Jack, o Estripador, eram uma forma de vingança pelo assassinato de Abiff.

Mauro olhou-nos curioso:

– Já ouvi falar em tal história, mas não conheço esse *Do Inferno*...

– É uma história em quadrinhos que virou filme. Depois, posso enviar-lhe a obra para ler.

– Gostaria muito. Enfim, como dizia, Abiff não revelou seus segredos e foi assassinado pelos três. Ele sofreu três golpes, cada um dado por um dos assassinos. Albert Pike foi o líder da Maçonaria americana entre 1859 e 1891 e explicou, em alguns textos, o significado daqueles golpes, que representavam uma maneira de matar espiritualmente a humanidade. O primeiro foi um golpe na cabeça, que destruiria o livre-pensamento. O segundo foi na garganta, para sufocar a liberdade de expressão. O terceiro foi no coração, para matar a irmandade dos homens.

– Interessante analogia – comentei – E, de onde vem a palavra maçom?

– A primeira Loja fundada nos moldes modernos foi estabelecida em Londres, Inglaterra, no ano de 1717. Lá, apareceu a palavra *mason*, que nada mais é do que "pedreiro", em inglês. É claro que a forma aportuguesada que conhecemos apareceu depois.

– E o que significaria o termo "maçom livre"?

– Seu primeiro registro também vem de Londres, mas muito antes, em 1375. Tudo teria começado com um sindicato de pedreiros medieval, que tinha permissão de viajar pelo país quando o sistema feudal reinante mantinha a maioria dos camponeses presa aos trabalhos com a terra. Ao contrário dos ferreiros e curtidores, duas profissões bem comuns na época, os pedreiros reuniam-se em grandes grupos para discutir seus projetos. Dessa forma, eram tanto trabalhadores braçais, quanto arquitetos. O caráter de segredo atraiu muita atenção, principalmente pelo fato de que, no Antigo Egito, os edifícios de pedra eram ligados intimamente às magias dos antigos sacerdotes. Nas palavras do jornalista americano George Johnson, em livro publicado em 1983[3], *para os estranhos, homens armados de cinzéis, compassos, réguas, níveis e esquadros faziam os templos crescerem do solo.*

---

3 Originalmente, o livro foi lançado em 1983. No Brasil, foi publicado pela editora Campus, em 1997, com o título *Fogo na Mente – Ciência, Fé e a Busca da Ordem.* [N.E.]

– Não entendo uma coisa – observei, enquanto o encarava atentamente – A Maçonaria pode ser definida como uma religião?

Mauro sorriu e balançou a cabeça.

– Desculpem-me – apressou-se a falar – É que já me perguntaram isso tantas vezes, que já não sei mais como responder. Mas a questão é simples: não somos uma religião, apenas reconhecemos a existência de um único princípio criador, regulador, absoluto, supremo e infinito, ao qual damos o nome de Grande Arquiteto do Universo, uma entidade espiritualista, em contraposição ao predomínio do materialismo. Esses fatores são indispensáveis para a interpretação lógica do Universo e formam nossa base de sustentação, aliados às diretrizes de toda a ideologia e atividade maçônica. Para nós, o válido é termos um trabalho que una os homens, no sentido mais amplo e elevado do termo. Por isso, admitimos pessoas de todos os credos religiosos, sem nenhuma distinção.

– Então, é possível um praticante de uma religião qualquer continuar fiel ao seu credo e entrar para a Maçonaria? – perguntou Gabriel.

– Nem tanto. Vejam bem, a Maçonaria aceita homens de qualquer religião desde que acreditem em um só Criador. Essa ideia de que o pretendente a maçom deva renunciar à religião para ser admitido vem da época da Inquisição e foi muito difundida pela ignorância da época. Por isso, foi aceita como verdade e permanece até hoje como um conceito comum entre fanáticos religiosos.

– Muitas figuras históricas foram maçons, não é? – perguntei.

Mauro levantou-se e passeou entre os retratos pendurados em sua parede.

– Sabem, comprei esta casa de um irmão maçom há dez anos. Por isso, ela é toda cheia de detalhes. Estes retratos vieram com ela, afinal, era um meio de o irmão exaltar a memória desses famosos.

Mauro começou um verdadeiro desfile entre os maçons ilustres do passado. A cada novo nome, indicava um retrato pintado magnificamente.

– Estes são os mais conhecidos. Nomes como Cura Hidalgo, Paladino da Liberdade Mexicana; Padre Calvo, fundador da Maçonaria na América Central; o Arcebispo da Venezuela, Don Ramon Ignácio Mendez; o Padre Diogo Antonio Feijó; os cônegos Luiz Vieira e José da Silva de Oliveira Rolin, da Inconfidência Mineira; e o ilustre Frei Miguelino, conhecido como Frei Caneca. Também foram nossos irmãos no Brasil Dom Pedro I, José Bonifácio, Gonçalves Lêdo, Luis Alves de Lima e Silva (Duque de Caxias), Joaquim Nabuco, Marechal Deodoro da Fonseca, Marechal Floriano Peixoto, Barão de Ramalho, Líbero Badaró, Prudente de Morais, Campos Salles, Rodrigues Alves, Nilo Peçanha, Hermes da Fonseca, Wenceslau Braz, Washington Luiz e Rui Barbosa. Entre os europeus há filósofos, como Voltaire, Goethe e Lessing; músicos, como Beethoven, Haydn, Sibelius e Mozart; militares, como Frederico, o Grande, Napoleão e Garibaldi; e poetas, como Lorde Byron e Lamartine.

– E sobre a iniciação? Pode nos dizer algo?

– Pouca coisa, mas o suficiente para que vocês se divirtam. Claro que muita coisa mudou, mas a essência é a mesma. Antes da iniciação, acontece um diálogo entre o mestre e vários oficiais da Loja. Em uma outra sala, um oficial identificado como telheiro está com a espada desembainhada e evita a intrusão de estranhos. Quando a hora chega, esse oficial tira o casaco e a gravata do candidato e pede para que ele se livre de todo dinheiro e demais objetos feitos de metal. Isso é feito com o objetivo de lembrar o candidato de que, quando encontrou um companheiro maçom e foi iniciado, foi recebido pobre e sem um tostão. Assim deverá agir em relação ao companheiro: com compaixão. A perna esquerda de sua calça é enrolada até acima do joelho, o lado esquerdo de seu peito é exposto e o sapato direito é retirado e substituído por um chinelo. O significado desses movimentos só é conhecido pelos iniciados.

– Pelo que conheço – disse Gabriel –, a origem pode estar no fato de que, na Companhia de Jesus, o primeiro movimento simbolizava voto de pobreza. O segundo, a prova de que o candidato não era mulher e o terceiro, um lembrete de que Inácio de Loiola, o fundador, tinha um pé defeituoso e, mesmo assim, começou sua peregrinação para catequizar os pagãos.

Mauro olhou para Gabriel, admirado.

– Tem ótima cultura.

– Obrigado.

– Continuando, o telheiro coloca uma venda no candidato para simbolizar seu estado de trevas. Uma corda é colocada em volta de sua garganta e só então ele é levado para a sala principal, onde encontrará o guarda interior, que lhe barrará a passagem ao apontar a ponta de uma adaga contra seu peito. Depois de uns instantes, ele é levado à câmara, onde estão o mestre e os demais membros da Loja. O noviço responde a uma série de perguntas ritualísticas feitas pelo mestre. Por conseguinte, deve concordar em não revelar nossos segredos sob a pena de ter a garganta cortada, a língua arrancada pela raiz e enterrada na areia do mar na marca da maré baixa.

Lembrei-me das cenas do filme *Do Inferno*, em que mostravam a iniciação do príncipe Albert como maçom.

– Apenas após alguns momentos, a venda é retirada e as roupas devolvidas, o que significa a aprovação do maçom. São revelados, então, o passo, o sinal, o aperto de mão secreto e a senha que, claro, não posso revelar.

De repente, a porta do estúdio, que estava fechada, abriu pela metade. Ouviu-se uma voz de mulher:

– Com licença, doutor Mauro, o senhor precisa de algo?

Mauro olhou para a porta e retornou para nós.

– Desculpem, preciso só ajustar alguns detalhes caseiros.

Saiu e fechou a porta novamente.

– O passo revelado é dado com um movimento curto do pé esquerdo, ao trazer o calcanhar direito para debaixo do arco – observou Gabriel – O sinal é dado passando a mão, rapidamente, sobre a garganta. E, quando se cumprimentam, fazem uma pressão do polegar no nó do dedo indicador do outro maçom.

– E a senha?

– *Boaz*. Significa "com Força".

Espantei-me com o grau de organização e comecei a observar o estúdio em detalhes.

– Esta casa é quase um templo maçom – disse Gabriel.

– Por que você acha isso?

– A posição dos objetos, a entrada da luz exterior, os ornamentos de bronze na porta pela qual entramos. Tudo parece ter um significado próprio.

– Como em toda Sociedade Secreta.

– Mas esta é diferente. É incrível a quantidade de pessoas que já passaram pela Maçonaria.

A porta abriu-se novamente e Mauro entrou:

– Desculpem o transtorno. Onde estávamos?

– Gostaria de saber – disse Gabriel bem devagar –, se a Maçonaria realmente se considera uma Sociedade Secreta. Meu tio me dizia que não, mas vocês agem de maneira bastante diferente.

Mauro sentou-se em sua enorme mesa coberta de livros e papéis e riu da observação.

– Esta é mais uma pergunta que já me fizeram inúmeras vezes. E direi por mim, embora dentro das Lojas haja discordância nesse ponto. Não acredito que sejamos secretos, pelo menos não hoje em dia, porque nossa existência é amplamente conhecida. As autoridades de vários países concedem-nos personalidade jurídica. Nossos fins são difundidos em dicionários, enciclopédias, livros de história, entre outros. O seu livro também ajudará nessa função. O único segredo existente (e que só poderá ser conhecido quando o interessado ingressar na Ordem) são os meios que usamos para nos reconhecermos e o modo de interpretação de nossos símbolos, bem como dos ensinamentos neles contidos.

– O que vocês combatem?

– A ignorância, a superstição, o fanatismo, o orgulho, a intemperança, o vício, a discórdia, a dominação e os privilégios.

– Isto soa um pouco revolucionário – observei.

– Nossos feitos falam por nós mesmos. Aqui no Brasil, atuamos na Independência, na Abolição da Escravatura e na Proclamação da República, só para citar três episódios.

– O que obtemos quando nos tornamos maçons?

– A possibilidade de aperfeiçoar-se, instruir-se, disciplinar-se, de conviver com pessoas que, por suas palavras e obras, podem constituir-se em exemplos de afetos fraternais em qualquer lugar do mundo. Além de ter a enorme satisfação de haver contribuído, mesmo em pequena parcela, para a obra moral e grandiosa do desenvolvimento humano.

"A Maçonaria não considera possível o progresso, senão com base no respeito à personalidade, à justiça social e à mais estreita solidariedade entre os homens. Ostenta o seu lema 'Liberdade, Igualdade e Fraternidade' com a abstenção das bandeiras políticas e religiosas."

– Ei, vocês também usam a trindade da Revolução Francesa? – perguntei.

Mauro parecia divertir-se conosco.

– Claro. Eu disse que estamos presentes em diversos episódios históricos.

– De que preciso para me tornar um maçom?

– Observar alguns requisitos básicos, como: 1. Crer na existência de um princípio Criador; 2. Ser homem livre e de bons costumes; 3. Ser consciente de seus deveres para com a Pátria, com seus semelhantes e consigo mesmo; 4. Ter uma profissão ou ofício lícito e honrado, que permita prover as suas necessidades pessoais e de sua família, e a sustentação das obras da instituição; 5. Ser convidado por um maçom e aprovado pelos demais.

– E o que é exigido?

– Nada que não seja cobrado quando se ingressa em outras instituições, como respeito aos seus estatutos e regulamentos, além de acatamento das resoluções da maioria, tomadas de acordo com os princípios que as regem, em nosso caso, "o amor à Pátria, o respeito aos governos legalmente constituídos e às leis do país". Exigimos a guarda do sigilo dos rituais maçônicos e uma conduta correta e digna, dentro e fora da Maçonaria. Deve também dedicar parte de seu tempo para assistir às reuniões maçônicas e exercitar a prática da moral, da igualdade, da solidariedade humana e da justiça em toda a sua plenitude.

– Parece interessante – disse Gabriel – Mas...

A porta abriu-se de novo e a empregada de Mauro entrou com uma bandeja para nos servir chá gelado. Quando ela se virou, Gabriel e eu ficamos brancos. Era a misteriosa mulher do carro, a mesma que seria, de acordo com nossas suspeitas, o contato da misteriosa Oráculo.

Ela viu que foi reconhecida, mas não fez nenhum movimento brusco. Serviu-nos e retirou-se. Ainda olhávamos para a porta, quando Mauro falou:

– Há alguns livros que gostaria de recomendar-lhes, pois são abertos a não-sócios.

– Obrigado, senhor Mauro – levantei e juntei-me a ele, enquanto Gabriel olhava meio abobalhado para seu copo e para a bandeja posta em um criado-mudo, ao lado das nossas poltronas – A propósito, o senhor pode me dizer quem é sua empregada?

– Ah, começou há uns dois dias. O nome dela é Laura e parece muito interessada no que faço por aqui.

Olhei para Gabriel, que continuava com os olhos fixos na bandeja.

– Aqui estão – disse Mauro, ao tirar três volumes pequenos de uma pilha – Vou buscar uma sacola e já volto para acompanhá-los até a porta. É claro que vocês estão convidados a conhecer nossa Loja que fica aqui perto, mas terá que ser em outro dia.

– Sem problemas – comentei.

Ele saiu e aproximei-me de Gabriel.

– Você ouviu? O nome dela é Laura.

– Eu sei – disse ele, sem me olhar.

– O que foi?

Ele indicou a toalha que estava na bandeja. Embaixo dela, havia um pedaço de papel, onde se via escrito:

Dirijam-se ao Centro Cultural São Paulo. Lá, o representante do Priorado de Sião os aguarda na biblioteca. Laura os levará até lá. O.

"Mas que droga será essa?", pensei, olhando incrédulo para o bilhete.

Mauro voltou com a sacola e Gabriel escondeu o papel dentro de um dos bolsos de sua calça.

– Aqui estão. Desculpem-me, mas preciso resolver alguns detalhes urgentes na Loja. Voltem quando quiserem, para a visitarem.

Levantamo-nos, agradecemos pelo convite e fomos para o carro. Entramos e olhamo-nos.

– E agora? – perguntei.

– É melhor esperar essa Laura aparecer.

E a longa espera começou.

CAPÍTULO 5
PRIORADO DE SIÃO

Jesus cura as feridas. * A esperança unida ao arrependimento pelas lágrimas (de) Madalena. * Os nossos pecados sejam diluídos.[1]

1 Extraído dos pergaminhos encontrados em Rennes-le-Château, pelo padre Bérenger Sauniére, divulgados publicamente em 1967. [N.E.]

Foram três longas horas as que eu e Gabriel ficamos sentados no carro. Sabíamos intuitivamente que, uma vez que a misteriosa Laura estava bancando a empregada na casa de Mauro, ela teria que esperar uma oportunidade para sair de lá sem levantar suspeitas do patrão, ou sei lá o que ele fosse, de fato. Tudo o que podíamos fazer era estacionar o carro no local mais discreto possível, perto da casa de Mauro e disfarçar, para que ele não pensasse que estávamos preparando-lhe uma tocaia ou algo assim.

Enquanto isso, passávamos a limpo as anotações feitas sobre a Maçonaria. Porém, por mais que tentássemos, não conseguíamos nos concentrar.

– Como é que eles conseguiram localizar um representante do Priorado de Sião? – perguntou Gabriel, com angústia na voz.

Dei de ombros, enquanto examinava as anotações.

– Não faço a mínima ideia. Tenho a impressão de que esse pessoal das Sociedades Secretas se conhece; como se formassem uma "panelinha" ou algo assim.

– Não consigo entender. O Priorado é originário da França. Por que se preocupariam em estabelecer-se no Brasil?

– Eles não eram ligados aos Templários? – perguntei, com uma ideia em mente.

– Não se sabe. Antes de *O Código Da Vinci* estourar de sucesso nas livrarias, dizia-se que o Priorado era o círculo interno e secreto dos Templários. Porém, a fundação do Priorado data de 1090, e os Templários entraram em atividade em 1118.

Olhei para Gabriel pensativo.

– O mais estranho – comentei – é que, antes do livro, nunca se tinha escutado falar dessa sociedade.

– Não achei que fosse do tipo que gosta de aparecer, como os rosacruzes ou mesmo os maçons. E depois, as ideias deles jamais seriam realmente aceitas pela Igreja Católica.

– Elas vão contra a sua formação, não é?

– Mais ou menos. Sei que a divindade de Cristo foi mesmo estabelecida por concílios da Igreja, mas até aí afirmar que Jesus e Maria Madalena se uniram soa completamente alienígena.

– A ideia não é nova – observei – Lembra do filme de Martin Scorsese?

– *A Última Tentação de Cristo* era apenas uma recriação da história. O próprio Nikos Kazantzakis[2], o autor grego do livro que inspirou o filme, afirmou isso. Não era, em momento algum, baseado em ensinamentos do Priorado.

Olhei o relógio de pulso e comecei a ficar preocupado.

– Quando será que essa Laura vai aparecer?

Nem bem acabei de manifestar meu receio e a porta de trás se abriu. Laura entrou e sentou-se sem cerimônia.

– Prazer em conhecê-los, finalmente. Desculpem a demora, mas tive que esperar o momento de sair.

Gabriel olhou-me, preocupado. Laura percebeu e logo retrucou:

– Não se preocupem; não estou aqui para fazer mal a vocês.

– E por que este mistério todo? – perguntou Gabriel.

– Vocês saberão no devido tempo. Temos que terminar o que é preciso neste sábado para garantir que o próximo seja mesmo o último e que tenham material suficiente para publicar o livro.

– Qual é o interesse de vocês na publicação deste livro? – perguntei.

– É melhor irmos andando – Laura apontou para o relógio no painel do carro – Marcos já está nos esperando e

---

2 KAZANTZAKIS, Nikos. *Last Temptation of Christ*. 1ª Edição. 1998, Touchstone Books. Sem tradução em português. [N.E.]

não pretendo demorar muito por lá. No caminho, explicarei tudo.

Gabriel virou para a direção e girou a chave. Logo estávamos saindo da Liberdade em direção ao bairro do Paraíso.

– Estamos esperando a explicação – falei.

Laura suspirou impaciente e começou a falar:

– Por muito tempo, acreditou-se que a explicação para o sentido da vida estava em compreender o balanço entre os lados material e espiritual. O problema maior é que, quando a maioria das Sociedades Secretas que vocês estão conhecendo começou, o mundo era dominado pela Igreja Católica Medieval, que sempre quis o conhecimento acumulado só para ela, longe da compreensão do homem comum.

Novamente, lembrei-me das observações de Umberto Eco em *O Nome da Rosa*[3].

– Tido como perigoso pelos padres e papas de antigamente, esse conhecimento foi reduzido quando a Santa Inquisição entrou em ação. Atualmente, ainda há muita desconfiança por parte dos não-iniciados. O crescimento das chamadas igrejas evangélicas no Brasil e no mundo é um sintoma de que o ser humano quer encontrar diferenciais. As fórmulas convencionais não bastam.

– E acham que, a partir da publicação de um livro que se propõe a esclarecer os não-iniciados, isso poderá incentivá-los a tornarem-se membros das sociedades? – perguntei.

– Já seria um começo.

– Mas o Brasil é considerado um país pobre no hábito da leitura. Por que usar um meio tão elitista, como um livro, para atingir grandes massas?

---

3 ECO, Umberto. *O Nome da Rosa*. Tradução: BERNARDINI, Aurora Fornoni. 1ª. Edição. Rio de Janeiro: Nova Fronteira, 1983. [N.E.]

– Você acha que, se quiséssemos, já não teríamos comprado horários em estações de TV ou feito algum filme para rodar na Internet? Para que tornar banal um assunto como este, pelo uso inadequado de uma mídia errada?

Virei para trás e encarei Laura.

– Com certeza, vocês já conhecem o poder de penetração que um livro como *O Código Da Vinci*[4] tem, não é? – perguntou.

– Mas está para virar filme...

Ela riu de minha observação.

– Certamente, será apenas mais um produto de Hollywood, totalmente despido do caráter místico encontrado no romance.

Ela tem razão, pensei. Além disso, livros sempre tiveram um ar de colecionismo e mistério. Essa Oráculo, seja quem for, sabe mesmo o que faz.

– Estamos chegando – disse Gabriel.

O Centro Cultural São Paulo é um aglomerado de galpões que formam um grande local para exposições e eventos culturais. Tem de tudo: galeria de arte, salas de cinema, teatro, discoteca, terminais para consulta na Internet, entre outros. Possui uma biblioteca grande, com parte do acervo da principal biblioteca da cidade, que foi transferido para lá devido à falta de espaço. Enfim, sempre que se quer um programa fora do circuito comercial, vale a pena passar por lá.

Fomos apresentar nossos documentos para a retirada dos crachás que nos davam acesso à biblioteca. Laura foi a primeira e, enquanto apresentava a identidade, estiquei o pescoço para tentar ver seu nome completo. Porém, não consegui; afinal, o atendente foi mais rápido. Teria que tentar depois.

---

4 BROWN, Dan. Op. Cit. [N.E.]

Ela pegou seu crachá e aproximou-se da rampa que levava para o andar inferior do enorme galpão, onde fica a biblioteca. Esticava-se para ver se conseguia achar o representante do Priorado de Sião.

– Você parece ansiosa – disse Gabriel, ao se aproximar, comigo logo atrás.

– Marcos é um homem muito ocupado e não quero correr o risco de entediá-lo com o nosso atraso.

– Vamos indo – falei, enquanto descia a rampa – Lá dentro, poderemos achá-lo.

Passamos pelas catracas eletrônicas e paramos perto dos fichários com os códigos de referência dos volumes e suas posições. Havia quatro poltronas estofadas próximas e nos dirigimos para lá. O relógio marcava quatro da tarde.

– Está vendo nosso contato? – perguntei.

– Não. Mas tenho certeza de que ele já está aqui.

– Não devemos nos preocupar com isso – disse Gabriel – A menos que ele esteja preocupado e achando que, como representante do Priorado, pode sofrer uma perseguição, como os personagens do livro de Dan Brown.

Laura sorriu para ele.

– Os segredos estão bem guardados. É o que podemos divulgar. Mas, antes que ele apareça, é melhor recapitular o que sabem sobre o Priorado. Vamos separar o joio do trigo, ou seja, ver o que é *O Código Da Vinci* e o que é real e verdadeiro. Tudo bem?

Assentimos com a cabeça.

– Eu começo. Vou falar o que sei sobre a Sociedade. Trata-se de uma organização fundada em 1090 por Godofredo de Bouillon, o rei cristão de Jerusalém. Essa é a data tida como oficial. Outras fontes apontam que sua fundação real foi depois de 90 anos, quando a cidade foi tomada pelas Cruzadas e o bom Godofredo assumiu o título de "Defensor do Santo

Sepulcro". Como eram ligados aos Templários, tiveram os mesmos grão-mestres até 1188, quando deles se separaram, adotando o nome de Ordem da Verdadeira Cruz Vermelha ou Rosa Cruz. Antes que vocês perguntem, deixo claro que a semelhança do nome com a Sociedade Rosacruz é apenas uma coincidência; uma não tem nada a ver com a outra.

– Já começou a aula sem mim?

Um sujeito com cerca de 32 anos, que vestia camisa azul e calça marrom, aproximou-se de uma maneira imperceptível. Laura levantou-se e foi cumprimentá-lo. Apresentou-nos em seguida.

– Temos muito que falar – disse ele, sentando-se na quarta poltrona – Desculpem a demora, mas estava investigando o acervo para ver se tinham alguma referência nossa por aqui. Depois que o livro de Dan Brown saiu, ficamos atulhados de pedidos em, pelo menos, 14 países em todo o mundo. São pessoas que querem se unir a nós. Você acredita que não saiu uma única matéria sobre o Priorado no Brasil, em dez anos?

– É um bom trabalho de dissimulação – observou Gabriel.

– Pelo que eu saiba, os rosacruzes é que eram conhecidos como "Os Invisíveis", não nós – comentou Marcos, rindo – Mas não vamos trocar os pés pelas mãos. Você estava recapitulando algo com eles, Laura?

– Apenas verificava o que já sabem. Pode assumir daqui em diante.

Marcos assumiu um ar sério, ajeitou-se e olhou para nós.

– Não sei ainda se isto é bom ou não. Somos discretos no Brasil e falar algo sobre nossa Ordem ainda é assunto de muita controvérsia.

– Não se preocupe – falei, enquanto abria minha caderneta de notas e colocava o gravador digital perto dele – Não publicaremos nada que não queira.

Marcos pareceu mais à vontade com nossa preocupação.

– Pois bem, vamos começar.

– Laura contava um pouco sobre a origem do Priorado.

– Bem, como vocês sabem, o Priorado, por ser ligado aos Templários, herdou deles muitos de seus modos de ação e iniciação de seus integrantes. Com uma diferença: a figura feminina é mais importante para nós do que a masculina.

– Isso não fere os sentimentos dos integrantes masculinos? – perguntei.

– Não como imaginamos. Os documentos *sangreal* falam claramente sobre o papel masculino nessa história. Mas vamos por partes. Sabemos que o Priorado sobreviveu ao extermínio dos Templários e participou de diversos episódios históricos. Como o livro divulgou, tivemos a participação de nomes famosos como Botticelli, Leonardo da Vinci, Isaac Newton, Claude Debussy e Jean Cocteau como nossos grão-mestres.

– Mas, até onde eu sei, vocês existiram de três formas diferentes em três épocas diferentes – falou Gabriel.

Marcos olhou para Gabriel e sorriu.

– Sempre existe alguém "do contra". Alguns interessados em nós disseram que somos "um mistério insondável". O que posso dizer é que, como toda sociedade secreta milenar, a atual forma do Priorado é bem recente. Embora alguns estudiosos insistam em dizer que nossa origem nunca tenha passado pela época das Cruzadas, até onde eu sei passou sim. Mas a forma atual começou a tomar corpo em 1956. Agora, utilizamos a forma estabelecida em 1989, depois de passar por um período de reformulações entre 1961 e 1985.

– A culpa é de vocês – contra-atacou Gabriel – Essa paranoia de que descendem dos Templários, de que a Igreja Católica quer destruir vocês, de que os documentos *sangreal* estão escondidos, só esperando o momento propício para serem levados a público... Isso tudo é besteira!

– Como assim, meu caro? O que você, ou qualquer um que não pertença à Ordem, sabe sobre nossos segredos?

– Sei o que vocês escondem. Já foi provado que os pergaminhos encontrados por Bérenger Sauniére são uma fraude!

– Provado por quem? Pelos doutores católicos de Roma?

Meti-me no meio da discussão.

– Abaixem a voz e contenham os ânimos ou seremos expulsos daqui. Estamos em uma biblioteca, pelo amor de Deus!

Os dois me olharam e encolheram-se em suas poltronas.

– A partir de agora, eu conduzo a entrevista, ok? – falei, olhando para Gabriel. Ele assentiu, emburrado – Ótimo. Marcos, conte-me essa história dos pergaminhos.

– Rennes-le-Château é uma pequena cidade que fica ao sul da França e a leste dos Pirineus. Foi lá que, em 1891, Bérenger Sauniére, o padre da cidade, começou um trabalho que pretendia reformar a igreja consagrada a Maria Madalena...

– Que interessante – falei, olhando para Gabriel – Há uma igreja consagrada a ela?

– Sim, é um dos pontos que mais atraem os estudiosos dos misticismos antigos. Para muitos, é onde se encontra a chave do mistério. E, embora tenha sofrido mudanças radicais (que ocorreram, principalmente, porque fora construída sobre antigas ruínas visigóticas) depois de uma remodelação ordenada pelo padre, essa igreja possui detalhes intrigantes, como a inscrição *Terribilis Est Locus Iste* – ou *Este Lugar é Terrível* –, gravada no pórtico. Parece totalmente inapropriado para uma igreja, mas Sauniére disse que a tirou do *Livro do Gênesis*, episódio do sonho de Jacó.[5] O altar-mor possui

5 Gênesis, 28,17: E temeu, e disse: Quão terrível é este lugar! Este não é outro lugar senão a casa de Deus; e esta é a porta dos céus. [N.E.]

um vitral que retrata o episódio em que Maria Madalena lava os pés de Jesus com óleo perfumado. Maria Madalena também está retratada na face do altar, em uma pintura em relevo que é atribuída ao próprio Sauniére, mas desconhece-se de onde "ela" teria vindo, pois não há nenhum tipo de registro sobre isso. Nas laterais, há duas estátuas: uma de José e outra de Maria, ambos com o menino Jesus. Outra coisa: dentro da igreja, vemos uma pia de batismo sustentada pela imagem de um diabo, associado ao demônio Asmodeu, protetor dos segredos e dos tesouros escondidos. Essa estátua é horrível e assustadora, mas Sauniére explicou seu significado como sendo uma representação da República, que deveria ser esmagada pela fé dos batizados. Acima da pia de água benta, que tem o formato de uma concha, há quatro anjos em um arranjo em cruz, colocados sobre uma base sustentada, de forma aparente, por duas salamandras, com uma inscrição que pode ser traduzida como *Por este sinal, tu o vencerás*.

– Interessante o simbolismo – interrompi – Mas podemos continuar a história?

– Sim, sim. Desculpe. Sauniére começou então a recolher dinheiro para a reforma. Tão logo conseguiu, as obras começaram. Foi quando, ao retirar a pedra do altar principal, descobriu que as colunas que o sustentavam eram ocas. Dentro delas, havia quatro pergaminhos escritos em latim, sendo que dois descreviam genealogias e datavam de um período entre 1244 e 1644, enquanto os outros dois eram transcrições, de mais ou menos 1780, do Novo Testamento. Esses pergaminhos traziam duas mensagens secretas, formadas com algumas letras destacadas no texto. A primeira dizia: *A Dagoberto II, Rei, e a Sião pertencem este tesouro e ele aqui está morto.*

– Dagoberto II foi o último rei da dinastia Merovíngia, supostamente descendente da linhagem iniciada com o casamento entre Jesus Cristo e Maria Madalena – acrescentou Gabriel.

– Essa linhagem começou com o suposto casamento dos dois, que teriam tido dois filhos: Tiago e Sara – relembrei o que havia sido divulgado em *O Código Da Vinci* – Após a crucificação de Jesus, Maria Madalena e os filhos foram levados para a região onde hoje é a França. Sara ficou com a mãe, enquanto José de Arimatéia seguiu para a Bretanha com Tiago. Os descendentes de Sara se misturaram com a linhagem dos reis francos e deram origem à dinastia Merovíngia, que governou parte da França e da Alemanha entre os séculos VI e VII d.C.

– Exato – continuou Marcos – A segunda mensagem, entretanto, permanece até hoje indecifrável: *Pastor, nenhuma tentação. Que Poussin, Teniers guardam a chave. Paz DCLXXXI* (681). *Pela cruz e este cavalo de Deus eu completo (ou destruo) este demônio guardião ao meio-dia. Maçãs azuis.*

– Não faz mesmo nenhum sentido – acrescentou Gabriel.

– Sauniére colocou os pergaminhos embaixo do braço e dirigiu-se a Paris para falar com as autoridades eclesiásticas sobre o achado. Ninguém sabe o que aconteceu, mas o fato é que o padre voltou para a cidade "com a carteira bem recheada". Tradicionalmente, sabe-se que os pergaminhos foram colocados sob a guarda de Emile Hoffet, colaborador do abade Bueil, do seminário de Saint Sulpice. Quando Hoffet morreu, sua biblioteca foi adquirida pela International League of Antiquarian Booksellers e, tendo todo o seu espólio literário passado para a posse dessa instituição, os pergaminhos poderiam ter sido comprados ou, simplesmente, roubados dissimuladamente no meio da operação. A carta de Lenoncourt[6] a Chérisey tenta indiciar que essa instituição os adquiriu de uma sobrinha de Sauniére.

---

6 Roberto de Lenoncourt, Arcebispo de Rheims. Assumiu, em 1478, o cargo de Grão-Mestre da Ordem dos Templários. [N.E.]

– Seria essa uma maneira de o Vaticano querer pôr a mão nos pergaminhos? – perguntou Gabriel, em tom sarcástico.

– Pode ser. Por que não? – perguntou Marcos – Mas o fato é que os estudiosos acham que eram apenas alguns dos documentos *sangreal* e que, combinados com as pistas deixadas na igreja, levavam ao local onde estaria o tesouro dos Templários.

– Nossa! – exclamei – Que viagem!

– Os pergaminhos foram divididos em dois grupos. O primeiro traz: a) genealogia de 1244, marcada com o selo real de Branca de Castela. Diz-se que prova a existência de uma descendência de Dagoberto II; b) genealogia de 1644, da autoria de François-Pierre d'Hautpoul. Diz-se que contém informações genealógicas sobre o período de 1244 a 1644; c) testamento de Henri d'Hautpoul, datado de 1695. Diz-se que revela um segredo muito importante, considerado "segredo de Estado". O segundo traz dois textos: um, baseado em um episódio bíblico relatado em *Marcos*, *Mateus* e *Lucas*, e outro, baseado no *Evangelho de São João*. Trechos destes só vieram a público em 1967.

– Parece mais uma longa teoria da conspiração – observei.

– A revelação de que Jesus foi um homem como outro qualquer seria a peça-chave para acabar com o suposto poder da Igreja Católica. Isso transformou o Priorado em um perigo.

– E qual é o objetivo do Priorado?

– Proteger os descendentes dessa linhagem e zelar para que os documentos *sangreal* estejam bem guardados.

– Sim, e os restos de Maria Madalena estão no Louvre! – resmungou Gabriel.

– Isso foi invenção do Dan Brown – argumentou Laura, que estava quieta e apenas nos observava.

– Provavelmente – concordou Marcos.

– Provavelmente? – perguntei – Não tem certeza?

– Na verdade, iniciei-me no Priorado, em Paris, há somente oito meses. Alguns dos segredos ainda não foram revelados para mim. Mas acredito que, até hoje, o Priorado quer restaurar o poder nas mãos dos Merovíngios. Sei que um dos responsáveis pela divulgação do Priorado nos tempos atuais, Pierre Plantard, um estudioso do oculto que ficou famoso na França, provocou uma grande procura na França, nos Estados Unidos e na Grã-Bretanha.

– A legitimidade do Priorado é contestada até hoje – completou Gabriel.

– Na verdade, fomos declarados legalmente existentes com documentos datados de 20 de julho de 1956. Pierre Plantard começou as atividades juntamente com outro homem, André Bonhomme, e estabeleceu a sede em sua própria casa, em Sous-Cassan, Annemasse, na Alta Sabóia. Eis uma reprodução do texto de constituição.

Marcos retirou do bolso uma folha de papel sulfite com a reprodução de uma antiga carta de constituição. Estava em francês. Como nenhum de nós sabia ler naquela língua, ele traduziu para nós.

– O texto de constituição, conforme consta no *Journal Officiel*, segundo Pierre Jarnac, é o seguinte: *A constituição de uma ordem católica, destinada a restituir numa forma moderna, conservando o seu caráter tradicionalista, o antigo cavaleiro, que foi, pela sua ação, a promotora de um ideal altamente moralizante e elemento de um melhoramento constante das regras de vida da personalidade humana.*

– E por que Priorado?

– Plantard era um admirador incondicional de Paul Lecour, o fundador da revista *Atlantis*. Em vários artigos, Lecour tinha tentado incentivar a juventude cristã francesa a recuperar os ideais da cavalaria, sugerindo que se criassem grupos aos quais ele dava o nome de *prieurés*, ou priorados. Plantard só seguiu a sugestão. O nome *Sion* (ou Sião) foi escolhido devido à proximidade geográfica da casa de Plantard com a colina de Mont-Sion. A partir de 1960, Plantard desviou a postura originalmente política do Priorado para uma postura mais mítica e mística, muito provavelmente, uma tentativa solitária e independente dos fundadores originais.

– Quem faz parte do Priorado?

– Plantard morreu em 2000 e os novos membros recolhem muito do trabalho dele. Mas têm um comportamento bastante estranho. Diz-se de inspiração católica, mas na verdade não é. Quer parecer-se com maçonarias católicas e cavalheirescas, mas não consegue. Nem mesmo para nós, que estamos lá dentro, essas informações são confiáveis. Já ouvi falar, por exemplo, de que muitas figuras francesas importantes já participaram do Priorado, como Roland Dumas, ex-presidente do Tribunal Constitucional francês, François Miterrand (que chegou a fazer uma pomposa visita oficial a Rennes-le-Château) e, até mesmo, Jacques Chirac. Uma das figuras mais visíveis, que se intitula secretário do Priorado, é Gino Sandri, membro de uma associação sindical francesa. Seu poder efetivo é temido e respeitado por muita gente em todo o mundo.

– Eu conheço vários sites que afirmam que vocês nunca foram bem uma sociedade secreta no sentido que conhecemos do termo – disse Gabriel – Além disso, esses documentos *sangreal* são farsas elaboradas por seu padre Sauniére para conseguir dinheiro.

Marcos levantou e começou a se arrumar.

– Como Laura deve ter falado, sou um homem muito ocupado e preciso ir. O que tinha para lhes falar já foi dito. É importante, apenas, que vocês deixem claro em seu trabalho que farsa é uma acusação séria. Qualquer sociedade que vocês entrevistem já terá passado por isso, senhores.

Marcos fez um cumprimento de cabeça e dirigiu-se para a saída, seguido por Laura. Ficamos, Gabriel e eu, sentados nas poltronas. Olhei para o relógio: já eram seis da tarde e o sábado havia acabado.

– De longe, você se superou – falei.

– Não é porque um *best seller* colocou-os em evidência que eles não seriam charlatões – justificou-se Gabriel – E depois, achei estranha essa história de "fui iniciado recentemente e não conheço bem todos os mistérios". Não conhece porque simplesmente não há o que conhecer. Os pergaminhos de Rennes-le-Château são falsos. Isso tudo não passa de uma bobagem grande e monarquista.

Ponderei bem. Era perfeitamente possível. Mas os Templários também tinham origens militares e tornaram-se místicos. Por que não o Priorado de Sião?

– Bem, preciso ir andando – disse Laura quando voltou – Obrigado pela carona. Até mais!

Ela apanhou suas coisas e começava a subir a rampa, quando vi Gabriel disparar atrás dela e puxá-la para um canto. Parecia muito interessado nela. Desliguei o gravador digital e repassei as notas, sentindo-me exausto demais para acompanhar a cena. Não sabia o que pensar sobre o Priorado, mas parecia ser algo digno de muitas histórias. "Dan Brown tem mesmo um excelente faro para essas coisas", pensei.

Gabriel voltou e olhou-me sem jeito.

– Se você não se importa, vou levar Laura para a casa dela.

Olhei-o espantado.

– Não, claro que não me importo. Mas... já vai dar em cima dela?

Ele me olhou sério.

– Tenho um palpite. A gente se vê na segunda. Tchau!

Os dois se foram. Achei estranho esse súbito interesse de Gabriel por Laura, mas deixei para lá. Comecei a guardar minhas coisas dentro de uma pasta, quando ouvi uma voz atrás de mim:

– Talvez agora possamos conversar...

Pulei, assustado, na poltrona. Uma mulher loira, de cabelos compridos, que aparentava ter 26 anos, com blusa branca e calça marrom-escura, aproximou-se e sentou-se ao meu lado.

– Olá, sou Ângela. Represento a Ordem dos Iluminados, ou Illuminati.

CAPÍTULO 6
ILLUMINATI

As inovações constantes e descobertas materiais
e espirituais poderão manter a humanidade no
rumo da perfeição.
São sempre os iluminados que através de seus
inventos, coragem social e política, facilitam a
vida de muitos, e elevam o padrão material e
espiritual dos povos.[1]

1 Trecho do *Manual do Iluminado*, publicado pela *Ordem Illuminati*, São Paulo: Ediciones G, 1945. [N.E.]

Cheguei a uma casa enorme, localizada no elegante bairro do Brooklin, zona sul de São Paulo. A elegante mansão lembrava as casas de políticos que vemos em revistas de celebridades. Só havia uma coisa fora do lugar: era o local para onde Ângela tinha me levado depois que saímos do Centro Cultural São Paulo.

O carro dela, uma BMW, passou pela entrada da casa e, após uma identificação pela câmera de vídeo, entrou no estacionamento. Ouvi música vindo de dentro e imaginei que entrava em um local onde os cultos secretos dos Illuminati estavam em andamento. Olhei-a ansioso e interrogativo. Ela dirigia atenta, mas reparou no meu olhar.

– Como já expliquei, meus superiores preferiram que você viesse sozinho. Foi coincidência que Laura tivesse se retirado com seu amigo.

– Quer dizer então que você nos seguiu o dia todo?

– Na verdade, eu os sigo desde que a Oráculo espalhou a notícia de que vocês colhiam material para um livro. Meus superiores queriam fazer contato, mas não tínhamos como nos apresentar sem passar por ela.

– Por isso você ficou na tocaia e esperou um momento apropriado.

Ângela estacionou o carro e desligou o motor. Olhou séria para a direção e falou sem me encarar:

– O problema agora será salvar seu amigo.

– Como assim? – perguntei, com um aperto só por pensar que Gabriel pudesse ter se metido em alguma enrascada por causa do projeto.

– É melhor entrarmos. Meus superiores explicarão tudo.

Ângela saiu do carro e me conduziu para a entrada da mansão. Uma enorme porta dupla de vidro se abriu e entramos em uma grande sala, decorada com símbolos místicos. O que mais me chamou a atenção foi a figura de uma pirâmide com um olho por cima.

– É o símbolo que está na nota do dólar – falei, apontando para o desenho.

Ângela sorriu.

– É o olho que tudo vê. Um de nossos símbolos mais conhecidos.

– Parece mais o olho do Grande Irmão – falei, lembrando da obra de George Orwell, *1984*.[2]

– Os conspiracionistas de plantão gostam de pensar coisas assim. Para eles, estamos em uma grande conspiração há anos e preparamo-nos para dominar o mundo. Claro que se esquecem de que, se isto fosse verdade, a Nova Ordem Mundial não funcionaria nunca.

– Nova, o quê?

– Bem, vamos por partes. Venha, vou apresentá-lo ao meu superior imediato.

Atravessamos a sala e saímos na parte de trás da casa, onde havia muitas pessoas, todas paradas e atentas ao que acontecia ao redor. Pareciam esperar que algo acontecesse. À beira da piscina, havia grupos e mais grupos de seis pessoas cada, todas de olho em pedaços de papel. Sussurravam umas para as outras e não pareceram dar atenção quando passamos.

– Espere aqui – disse Ângela – Eu já volto.

Desapareceu de vista. Aproximei-me de uma mesa que estava em um canto, com sanduíches, um ponche de frutas e salgadinhos. Beliscava algo, quando um rapaz, aparentemente de 25 anos, aproximou-se e sussurrou:

– Eles estão aqui. A qual corrente você pertence?

Parei de comer e encarei meu interlocutor. O diálogo me parecia familiar.

---

2 ORWELL, George. *1984*. 1ª. Edição. São Paulo: Companhia Editora Nacional, 2003. [N.E.]

– Vamos, diga: qual o seu grau? – insistiu.

– Bem, eu, quero dizer...

O rapaz olhou para os lados e me encarou de novo.

– Se você está com eles é provável que seja um, certo?

"Onde já tinha ouvido aquilo?", pensei, enquanto confirmava com a cabeça.

– Ótimo. Encontre-nos perto da sala de análises em 15 minutos, ok?

Estendeu-me um pedaço de papel, que abri e vi novamente o símbolo da pirâmide com o olho. O rapaz deu meia-volta e sumiu na multidão de convidados.

Ainda olhava para o papel quando Ângela voltou com um senhor gordo, que parecia ter 60 anos, vestido com roupas esportivas.

– Este é meu superior: Adam.

– Prazer em conhecê-lo – disse Adam, dando-me a mão – Vamos para um lugar mais quieto e poderemos conversar.

– Mas alguém aqui me deu este papel e...

Adam e Ângela me olharam e começaram a rir.

– Oh, desculpe-me. Que belo anfitrião eu sou! Gostaria de participar do nosso pequeno *Live Action*?

De repente, "a ficha caiu". Os procedimentos eram os padrões de um jogo de *Role-Playing Game*. Por isso todos pareciam estar dentro de uma peça de teatro.

– *GURPS*? – perguntei a Adam, referindo-me à sigla de *Generical Universal Role-Playing System*, um dos RPGs mais jogados no mundo depois de *Dungeons & Dragons*.

Adam sorriu.

– Que melhor maneira de divulgar as ideias da Ordem? Usamos o nosso próprio módulo e atraímos as pessoas para que entrem. Claro que não somos, nem de longe, iguais ao jogo, mas as pessoas se divertem com esta versão dos Illuminati. Vamos para o meu estúdio.

Segui os dois por um verdadeiro labirinto de salas e corredores. A mansão era realmente grande e, sem ajuda, poderia ficar lá por um bom tempo até achar a saída. Chegamos ao estúdio; uma sala em tons marrons, com pilhas e pilhas de livros no chão, uma mesa lotada de antigos pergaminhos e livros com capa de couro. As paredes mostravam, novamente, "o olho que tudo vê" na parte superior de uma pirâmide. Abaixo dela, estavam fotos de algumas figuras históricas.

Adam abriu um pequeno armário com bebidas de todos os tipos, tirou uma jarra de suco de melancia e sentou-se em uma poltrona próxima à janela. Ângela fechou a porta, depois de afixar um pequeno cartaz em que se lia *Don't disturb* (Não perturbe).

– Sente-se e poderemos começar nossa conversa – falou ele, apontando para uma cadeira estofada à sua frente.

Sentei-me e observei a submissão de Ângela, que estava em pé, a um canto mais afastado da sala, observando-nos.

– Como sabe, entendemos que seu projeto de livro pretende tornar públicos os conceitos básicos das Sociedades Secretas – começou a dizer, enquanto nos servia suco.

– Sim, essa é a intenção.

– Isso nos interessou muito. Queremos usar sua obra para quebrar a imagem de que somos uma ordem que tem a intenção de dominar o mundo. Nas histórias do módulo Illuminati do *GURPS*, transformaram-nos em demonólogos que queriam abrir um portal para o Inferno e trazer os demônios para nosso mundo. Realmente, os conspiracionistas deitaram e rolaram em cima dos Illuminati.

Ri um pouco da ideia.

– Sim – respondi – Lembro-me do que li no módulo *GURPS*.

– Esse é o problema. Não somos nada disso. Mas, em breve, acontecerá conosco o mesmo que aconteceu com o

Priorado de Sião. Um novo livro de Dan Brown está para sair e fala justamente de nós.

– Na verdade, o livro já saiu. *Anjos e Demônios*[3] é o primeiro livro de Brown, escrito antes de *O Código Da Vinci*.

– Você já o leu? – perguntou Ângela, de seu canto.

– Não, ainda não tive oportunidade.

– Então, temos certo tempo antes que o estrago seja feito – falou Adam.

Bebi o suco e preparei-me para a entrevista.

– Seu nome é mesmo Adam? – comecei.

– Na verdade, não. A *Ordo Illuminatorum* foi fundada em 1776, na Baviera, pelo alemão Adam Weschaupt, que era maçom e ex-jesuíta de uma ordem terciária. Foi em homenagem a ele que assumi este codinome.

– Fale mais sobre a origem da Ordem.

– A Sociedade é baseada em princípios de reforma moral e social. Na cabeça de Weschaupt, nós organizaríamos rosacruzes, maçons, esotéricos, clérigos e outros para que se transformassem numa única e poderosa organização. Tal organização teria a função de apontar as mudanças político-sociais mais importantes para a evolução da sociedade. Adam tinha o treinamento e a perspicácia daqueles membros católicos que se infiltravam em todos os setores: nobreza, educação, finanças, entre outros. Os nossos membros, os Illuminati, procuravam obter cargos junto a essas categorias, o que resultou em benefício próprio. O contato com os Illuminati daquela época teve como consequência um grande desenvolvimento para diversos segmentos sociais, políticos e acadêmicos.

---

3 BROWN, Dan. *Anjos e Demônios*. A primeira aventura de Robert Langdon. 1ª. Edição. Rio de Janeiro: Editora Sextante, 2004. [N.E.]

– De onde vinham os membros?

– Em sua maior parte, eram recrutados na nobreza, no clero, na burguesia, entre os sábios, os maçons, os rosacruzes e os Templários. Tudo para que conseguíssemos criar uma sociedade iluminista e banir crendices que obscurecem a razão.

– Parece-me um tanto autoritário, não acha?

– Para quem não conhece, sim. Mas o ser humano sempre precisou de líderes e, ultimamente, estão todos, sem exceção, muito fracos, não acha?

– Adam, se não me falha a memória, li em algum lugar que os Illuminati foram extintos em 1785. Como vocês ainda existem?

– A Ordem fundada por Weschaupt foi extinta naquele ano por meio de um édito do governador da Baviera, estado-sede da Ordem. Adam Weschaupt fugiu e os outros membros foram repreendidos e proibidos de continuarem com seu movimento. Entretanto, para muitos, a Ordem nunca se extinguiu, mas passou para a clandestinidade. Isso porque, em 1789, quando a Revolução Francesa aconteceu, as pessoas se assustaram quando assistiram à queda da monarquia e da Igreja. Esse sentimento de que o mundo estava acabando precisava de um bode expiatório, e os Illuminati eram perfeitos para o papel. Como pode ser constatado, o símbolo maçônico do triângulo aparece nos emblemas dos grupos revolucionários franceses. Mesmo o famoso e misterioso conde Cagliostro, dito alquimista e espiritualista, na época detido em uma prisão italiana, anunciou ter conhecimento de uma conspiração que envolvia maçons e Illuminatis. Em 1797, saiu um livro contra a Ordem, chamado *Provas de uma conspiração contra todas as religiões e governos da Europa, perpetrada em reuniões secretas de maçons, illuminati e sociedades de leitura, colhidas de boa fon-*

te,[4] que citava supostos documentos encontrados quando da ascensão do duque Carlos Teodoro ao poder, na Baviera. O novo soberano não admitia Sociedades sem autorização para funcionar e, quando os homens do duque atacaram a casa de um ex-membro da Ordem, teriam encontrado esses documentos, que defendiam o suicídio e descreviam experiências químicas.

– Qual foi o resultado dessa perseguição?

– Depois de um tempo, Templários e Illuminati deram-se as mãos e foram os responsáveis, direta e indiretamente, pelas revoluções americana, francesa, russa e diversas outras. A Maçonaria foi apenas coadjuvante. Não somente em revoluções os Illuminati foram ativos: eles também participaram em diversos governos, e ciências como mecânica, matemática, física, química e economia sofreram sua influência.

– E como é a Illuminati hoje?

– A partir da extinção da Ordem em suas formas iniciais, houve uma expansão mundial. Diversos membros banidos da Baviera espalharam-se pela Europa e pela América, de certa forma, difundindo nossos conceitos. Hoje, várias organizações seguem os princípios iluministas, mesmo que não usem a alcunha Illuminati. É claro que a expansão verdadeira é muito recente, só ocorreu entre os anos 2000 e 2004. Tenho aqui algumas datas do real estabelecimento da Ordem em vários lugares.

Adam remexeu uma pilha de papéis em cima de sua escrivaninha e entregou-me uma tabela impressa. Dizia:

Datas da expansão mundial dos Illuminati
Estabelecimento das Ordens com estatuto completo:

---

4 Livro raríssimo, sem reedição conhecida nos últimos 50 anos. Comum apenas nos círculos esotéricos. [N.E.]

Portugal (março de 2001)
Equador (maio de 2001)
Bolívia (maio de 2001)
Brasil (maio de 2001)
Porto Rico (maio de 2001)
Honduras (junho de 2001)
Estados Unidos (junho de 2001)
México (julho de 2001)
Colômbia (dezembro de 2001)
Chile (fevereiro de 2002)
Cuba (maio de 2002)
Uruguai (maio de 2002)
Panamá (maio de 2002)
Venezuela (junho de 2002)
Guatemala (julho de 2002)
Peru (agosto de 2002)
Argentina (outubro de 2002)
Alemanha (novembro de 2002)
Itália (março de 2003)
Inglaterra (março de 2003)
Costa do Marfim (novembro de 2003)

– Parece um império comercial – observei.

– Hoje temos uma Central Internacional em Barcelona, na Espanha, diversas Lojas em vários continentes, uma editora de livros (Ediciones G)[5], uma revista especializada (*Baphomet*)[6] e o reconhecimento de outras instituições e organizações internacionais.

---

5 Editora com sede na Espanha, pertencente à Ordem Illuminati. Iniciou sua produção em 1998 e já publicou dez livros, todos de Gabriel López de Rojas. [N.E.]
6 Revista eletrônica publicada pela Ediciones G. Pode ser encontrada no endereço: http://www.ordotempliorientalis.com/revistabaphometpor.htm. [N.E.]

Anotei tudo com atenção. Ângela continuava calada em seu canto e me observava.

– Como é composta a Ordem? – continuei.

– Temos um total de 13 graus, baseados na natureza maçônica, templária e nos antigos mistérios, que são:

1) Noviciado
2) Iluminado Minerval
3) Iluminado Menor e Iluminado Maior
4) Cavaleiro Maçom Aprendiz
5) Cavaleiro Maçom Companheiro
6) Cavaleiro Maçom Mestre
7) Iluminado Dirigente – Soberano Príncipe da Rosacruz
8) Iluminado Dirigente – Cavaleiro Kadosh
9) Iluminado Dirigente – Soberano Grande Inspetor Geral
10) Sacerdote Iluminado
11) Príncipe Iluminado
12) Mago Filósofo
13) Homem Rei

– Você pode explicar um pouco esses graus?

Adam pareceu um pouco constrangido com o pedido.

– Pouca coisa, mas vamos lá. Falemos, pelo menos, sobre o primeiro grau, o Noviciado. Tem quatro meses de duração e centra-se no despertar da consciência e no descobrimento do Deus interior, com a utilização de meditação, do ioga e da simbologia. Seu objetivo principal é o progresso de seus conhecimentos. Dessa forma, põe o indivíduo em contato com diferentes tipos de grandeza, valores como liberdade ou igualdade, dentro da Ordem Illuminati. Este grau de estudo é inteligível e ameno, composto pelo material de estudo e trabalho iniciático para quatro meses. Inclui, ainda, um ritual de autoiniciação, um rito individual, o *Liber Zion* e um diploma que credita a participação à Ordem Illuminati.

– Que mais podemos saber sobre esses rituais?

– O Rito Operativo dos Iluminados de Baviera dá importância aos pilares fundamentais da iniciação (vontade, coerência, ordem, despertar da consciência e do Deus interior). Também destacamos as vias tradicionais de iniciação (Ioga, Tantra, Cabala, Simbolismo, Alquimia) e a capacidade dos iniciados, nos altos graus, de transformar a si mesmos na própria divindade, no andrógino divino e alquímico, para, assim, poder modificar toda a realidade que os envolve, sempre em busca de um mundo mais justo e livre.

– Como se estuda na Ordem Illuminati?

– Temos um cronograma em que, primeiramente, o membro recebe uma base esotérica. A partir daí é que começa o sistema de 13 graus, nos quais é testado e avaliado.

– Como vocês encaram Deus?

Adam pareceu divertir-se com a pergunta. Deu um sorriso e explicou:

– Para nós, é importante a figura do Deus da Luz, que chamamos de *Baphomet*. Sobre ele, devemos ter uma ideia básica: somente com Baphomet a iniciação é completa. Com os deuses escravizadores e seus "grilhões", o trabalho iniciático está "castrado" e a iniciação completa não é possível.

– Mas o significado de Baphomet não é algo como "a cabeça decepada de Jesus"?

– O nome possui diversas significações. Essa é uma totalmente inventada por apreciadores de teorias conspiratórias. Isso não existe.

– Quais as principais ideias de sua Sociedade?

– Somos centrados em oito ideias básicas: 1. Crença absoluta em Deus; 2. Crença na soberania da Ordem; 3. Divulgação dos princípios iluministas; 4. Realização de estudos e desenvolvimento dos mistérios de Deus e do Universo; 5. Manutenção do real segredo como forma de união das irmandades; 6. Realização de treinamento especial nas artes e ciências esotéricas; 7. Manutenção do sigilo das atividades Illuminati; 8. Manutenção do respeito às leis do país.

Na teoria, tudo parecia ok e sem motivos para difamação. Não conseguia ver em seus propósitos algo que realmente ameaçasse o mundo. Notei que Ângela parecia meio agitada e olhava sem parar pela janela.

– Precisamos nos apressar – avisou Ângela – o *Live Action* deve estar no fim.

– Não se preocupe, estamos na reta final – respondeu Adam.

Revi minhas notas e disparei:

– Fale um pouco sobre o Iluminismo e explique melhor essa Nova Ordem Mundial.

– Estava esperando por essas duas perguntas. Como sabe, nosso objetivo é criar mesmo uma sociedade iluminista para, em uma segunda etapa, construirmos a Nova Ordem Mundial, um período em que a unificação de países seria a salvação para evitar uma catástrofe maior, e que mataria a Humanidade.

– Um governo unificado para impedir o Armagedon?

– Algo assim.

– E o Iluminismo? Onde entra nessa história?

Adam estendeu o braço para uma pilha de livros próxima e entregou-me um volume com capa de couro, em que um marcador de página era visível.

– Separei isto para você ver. É o nosso *Manual do Iluminado*. Abra na página marcada.

Abri e li em voz alta:

– *O Iluminismo é um conjunto de ideias políticas, filosóficas e espirituais que tem por objetivo levar luz à humanidade. Também é o nome do movimento que surgiu no século XVIII, na Inglaterra e França. Foi o movimento responsável pelas im-*

portantes mudanças que ocorreram no mundo nos últimos 200 anos, particularmente nos Estados Unidos e na França. John Locke, Jean Jaques Rousseau e muitos outros iluministas fermentaram com suas ideias a mente de muitos homens, entre eles Marat, Saint Just, Mirabeau e Joubert. Estes e outros colocaram em prática esses ensinos e deflagraram a grande revolução de 1789.

– Tem mais, continue – incentivou Adam.

– *No sentido esotérico, o Iluminismo pode ser o conjunto de ideias originais que surgiram desde o início da humanidade, e que possibilitaram seu crescimento espiritual e material. A civilização sempre dependeu do Iluminismo para se erguer acima das trevas obscurantistas e das condições desfavoráveis, e dependerá deste para se manter e buscar soluções.*

– Isso responde à sua pergunta?

Fechei o livro e olhei para ele.

– Sim. Há só mais uma coisa: pode me dar uma ideia dos pensamentos iluminados quanto a alguns pontos da sociedade?

– Vejamos. Ah, sim, comecemos com os 13 pontos a serem alcançados com a Nova Ordem Mundial: 1. Criação de uma moeda mundial; 2. Criação de uma linguagem universal; 3. Monitoramento das atividades dos líderes; 4. Renda mínima compatível com as necessidades; 5. Pleno emprego para todos; 6. Ensino gratuito até o nível superior; 7. Repressão total à contravenção e ao crime; 8. Saúde e saneamento em nível mundial; 9. Planejamento familiar; 10. Fim da fome e da miséria; 11. Liberdade irrestrita de opinião e manifestação; 12. Fim da mendicância, da prostituição e do trabalho infantil; 13. Criação do exército e da polícia da Nova Ordem.

– Ainda parece muito com *1984*[7] – observei.

---

7 ORWELL, George. Op. cit. [N.E.]

– Talvez. Mas nada acontece sem sacrifícios. Nossas diretrizes gerais de ação são: 1. Vigiar o andamento da democracia; 2. Colaborar com movimentos úteis à humanidade; 3. Colaborar com as personalidades que se destacam na defesa dos interesses da maioria dos cidadãos; 4. Criar um clima de igualdade e justiça entre as nações; 5. Proteger os indefesos, os fracos e os povos em desenvolvimento; 6. Ajudar governos e governantes.

Parei e pensei antes de falar:

– Uma última pergunta: qual é a real intenção dos Illuminati?

– Ensinar cada um a se ajudar primeiro e, depois, a todos, colaborando socialmente no meio em que vive. Cada um levanta a si próprio e somente pode ser aconselhado sobre o caminho a seguir. O mundo é feito para os homens e não os homens para o mundo. A matéria serve ao espírito e não o contrário.

Terminei de anotar e desliguei o gravador. Adam estava bebendo o último copo de suco.

– Bem a tempo – disse Ângela – O *Live Action* acabou.

– Com sua licença, tenho que presentear os ganhadores – disse Adam, levantando-se e cumprimentando-me.

Comecei a guardar minhas coisas e Adam falou, já na porta de saída:

– Ângela falará agora sobre seu amigo Gabriel e o perigo que ele corre.

"Gelei" só de ouvir falar em perigo. Virei-me para falar com ele, mas já havia se retirado. Ângela sentou-se na poltrona onde ele estivera e falou devagar:

– É melhor sentar-se. Serei breve; por isso, prepare-se para fazer uma outra pesquisa.

O papo estava cada vez mais estranho e tenso. Resovi me sentar.

– O que sabe sobre o Processo? – perguntou.

Não fazia a mínima ideia sobre o que ela se referia.

– Trata-se de um culto apocalíptico psicodélico que nasceu na Califórnia, na metade dos anos 1960. Era conhecido como Igreja do Julgamento Final e pregava que Cristo, Jeová, Lúcifer e Satã eram aspectos da mesma divindade. Seus adeptos vestiam-se de preto e usavam falsas patentes, que eram inspiradas na hierarquia militar. Tinham como símbolo um desenho formado por quatro "Os" em círculo, como uma suástica.

Escutava com atenção, mas não fazia ideia de onde ela queria chegar. Ângela levantou-se, foi até uma das pilhas de livros de Adam e retirou um outro volume, sobre conspirações.

– Aqui você encontrará mais detalhes. Leve o livro e leia o capítulo sobre o Processo durante o fim de semana.

Observei o livro que ela me passou e guardei-o na minha pasta. Passamos apressados pelo labirinto de salas e saímos no estacionamento da mansão. Entramos no carro e saímos.

Era mais de meia-noite quando cheguei em casa. Fui para o meu quarto e, agitado com os acontecimentos do dia e sem sono, pus-me a ler o livro. Aparentemente, era um dos registros que os Illuminati faziam de seitas que poderiam constituir alguma ameaça. Quando li sobre o Processo, quase caí da cama. Dizia:

O Processo foi fundado inicialmente pelo casal inglês Robert DeGrimston, conhecido como O Professor, e Mary Anne Maclean (O Oráculo). Sua seita teria inspirado assassinos como Charles Manson e exaltado participações demoníacas até 1974, quando o Conselho de Mestres expulsou DeGrimston do grupo. Maclean assumiu o controle do grupo, que mudou o nome para

Fundação Fé do Novo Milênio. Hoje chama-se Fundação Fé de Deus. Há algum tempo procura pessoas interessadas em abrir filiais do culto em novos países, inclusive no Brasil, onde repetiriam o mesmo modelo inicial, com O Professor (alguém que tenha grande conhecimento esotérico) e O Oráculo (que saberia administrar as atividades).

CAPÍTULO 7
SOCIEDADE TEOSÓFICA

A Doutrina Secreta ensina o progressivo aperfeiçoamento de todas as coisas, tanto dos mundos como dos átomos. E este estupendo aperfeiçoamento não tem um começo concebível nem um fim imaginável. Nosso "universo" é apenas um de um infinito número de Universos, todos eles "Filhos da Necessidade", porque na grande cadeia cósmica de Universos cada elo acha-se numa relação de efeito com referência ao antecessor, e de causa com referência ao sucessor.[1]

1 BLAVATSKY, Helena P. *A Doutrina Secreta – Objeto dos mistérios e prática da filosofia oculta*. v. 1, 2, 3, 4, 5 e 6. Rio de Janeiro: Editora Pensamento, 1994. [N.E.]

Nos dias posteriores, segui algumas instruções que Ângela tinha deixado e providenciei a devolução do livro com capa de couro para os Illuminati, pelo correio, não sem antes tirar uma cópia do trecho que explicava sobre o Processo e guardá-lo para futuras consultas.

A semana correu tensa para mim. Não conseguia me concentrar no trabalho e, para piorar a situação, Gabriel havia desaparecido. Não fora trabalhar nos três primeiros dias da semana, até que, na quinta-feira, um e-mail chegou. Dizia: *Gabriel está bem e não foi sequestrado. Cumpra a parte final de nosso acordo no próximo sábado e saberá o que vai acontecer com ele. O.*

Minha vontade era levar isso à polícia e dar parte do desaparecimento de Gabriel imediatamente. Pensava nisso quando Nívea, uma assistente do Departamento Pessoal, entrou em minha sala para a entrega dos benefícios do mês seguinte.

– E aí, muito trabalho? – perguntou ela, com um sorriso simpático.

– Um pouco. Sabe como são as coisas nessa área – respondi enquanto assinava os recibos.

– Eu que o diga. Tenho uma rescisão para preparar e nem sei como vou fazer.

– É mesmo?

– Sim, é triste quando alguém que trabalha há tanto tempo na mesma empresa é mandado embora...

– Quem foi? – perguntei, sem muita curiosidade.

– Seu amigo, o Gabriel.

Mais uma vez "gelei". Gabriel tinha sido mandado embora?

– Como assim? – perguntei.

– Ele esteve aqui ontem e fez um acordo com a empresa.

Quase caí da cadeira com a revelação.

– Ele esteve aqui ontem? – repeti.

Nívea me olhava curiosa.

– Sim, por quê?

Disfarcei a reação.

– Por nada. É que eu queria falar com ele.

– Tenho o número do celular dele. Deixe-me anotar.

Ela anotou em um pedaço de papel e me deu. Agradeci e ela se foi. "Isso não faz nenhum sentido", pensei. Liguei para o editor e disse-lhe que faltava apenas uma entrevista para completar o livro, e que mandaria o material até a segunda-feira seguinte. Em seguida tentei o celular de Gabriel.

Uma voz de mulher atendeu.

– Estava esperando a sua ligação – era a voz de Laura – Quer falar com seu amigo? Esqueça, ele escolheu juntar-se a nós por vontade própria.

– Deixe-me falar com ele.

– Somente depois de cumprir a parte final do nosso acordo. Faça a última entrevista e poderá falar com ele.

– Nem sei para onde devo ir...

Laura pareceu um pouco surpresa.

– Enviarei o endereço da Sociedade Teosófica e o nome do contato – e desligou.

Parecia inevitável. O editor queria o material pronto e, de qualquer forma, eu não saberia se Gabriel estava realmente bem enquanto não cumprisse esse acordo. Passava a acreditar que tomar cuidado com contatos pela Internet não era bem uma lenda urbana...

O e-mail chegou com os dados. Passei a sexta-feira me preparando para a entrevista. Sem Gabriel por perto, tive que pesquisar um pouco sobre a Sociedade Teosófica, fundada em 1875 por uma das figuras mais estranhas do panteão esotérico, conhecida como madame Helena Petrovna Blavatsky.

O sábado chegou. Saí de casa por volta das dez da manhã, em direção ao já conhecido bairro da Liberdade. Estava voltando para a mesma região em que, uma semana atrás, tinha encontrado Laura e a casa do mestre Mauro. A casa do entrevistado, aliás, não era muito longe da casa do mestre, apenas uns dez ou doze quarteirões à frente. "Parece que o bairro da Liberdade tornou-se um ponto de encontro para as Sociedades Secretas", pensei.

Saí do metrô Liberdade e caminhei até uma casa branca, rodeada por um jardim muito bem cuidado. Entrei pelo portão de ferro e dirigi-me à entrada, que tinha um porteiro eletrônico. Todas as janelas e batentes das portas da casa eram pintados de um vermelho vivo e contrastavam com a brandura do branco. Havia uma pequena fonte no meio do jardim e várias casas de passarinhos nas árvores. A porta se abriu e uma mulher atendeu. Devia ter 60 anos e era muito gorda. Vestia-se com roupas antigas e tinha um xale ao redor do pescoço. Lembrei-me dos retratos de Blavatsky e pensei estar diante de sua mais recente encarnação.

– Olá, sou Ana – cumprimentou a mulher – Você deve ser o jornalista que está escrevendo o livro sobre Sociedades Secretas, não é?

– Bem, parece que já tenho uma boa publicidade – falei, sem-graça.

– Não se preocupe. Neste meio, somos todos conhecidos. Você sabe, as notícias correm a uma velocidade incrível. Venha, entre, vamos conversar.

Entrei na casa. Era bastante espaçosa e lembrava uma antiga biblioteca, inclusive no cheiro, além de ser uma casa arejada e iluminada. A entrada era um longo corredor, com várias fotos dos fundadores da Teosofia, incluindo Blavatsky. Entramos em uma sala de estar por meio de duas portas de correr feitas de vidro, nas quais se via o emblema original da Sociedade: uma cruz ansata (*ankh*) dentro de dois triângulos opostos, inseridos em uma cobra que mordia o próprio rabo. Na ponta do rabo, via-se uma cruz suástica. Parei para admirar o trabalho e Ana sorriu ao ver meu interesse.

– Bonito, não é? – disse ela – Todos que vêm aqui gostam de admirar esse trabalho.

– Tem um simbolismo próprio, não tem? – perguntei.

– Oh, sim, claro. Nada é escolhido ao acaso. Veja bem, a *ankh* simboliza a ressurreição; os triângulos interligados, os mundos espiritual e físico. A suástica é um símbolo sânscrito de sabedoria, enquanto a serpente que engole sua própria cauda representa a eternidade.

– Um belo trabalho. Deve ter custado muito pintá-la no vidro.

– Fui eu mesma quem fez. Os teosofistas também são bons artistas – apontou para uma enorme mesa de jantar feita de mogno, colocada sobre um tapete felpudo branco – Puxe uma cadeira e acomode-se. Vamos começar.

Sentei-me e preparei, rapidamente, o gravador. Ana olhava-me interessada.

– Sabe, quero aproveitar este momento para dizer que adorei sua ideia. Sou um dos mais antigos membros da Loja Teosófica Brasileira e gosto de falar sobre o assunto quando estou sozinha.

– Esta é a sua casa? – perguntei.

– Oh, não. Este é apenas um local para estudos. Jamais misturaria uma coisa com outra. Esta casa era de meu pai, e transformei-a em um local para recolhimento porque queria separar uma coisa da outra. Nosso local de reuniões fica aqui perto, na Instituição Teosófica Pitágoras.

– Muito bem, estou pronto.

– Eu também. Vamos lá!

– Comece com a explicação do que é Teosofia e quais são os seus objetivos.

Ana ajeitou o xale e respirou fundo.

– Teosofia, ou "Sabedoria Divina", refere-se ao misticismo dos filósofos que acreditam poder compreender a natureza de Deus por apreensão direta, sem nenhum outro tipo de revelação. Também pode referir-se ao esoterismo de colecionadores de filosofias místicas e ocultas, que afirmam estar em presença de grandes segredos provenientes de sabedorias antigas. O misticismo teosófico é atribuído a Platão, Plotinus e outros neoplatônicos. Teve sua última grande explosão na filosofia ocidental, no século XIX, com o Idealismo alemão. Agora, o que chamamos de Esoterismo Teosófico iniciou-se com Helena Petrovna Blavatsky, conhecida como Madame Blavatsky ou, simplesmente, HPB, uma das cofundadoras da Sociedade Teosófica em Nova York, no ano de 1875. Nossas influências provêm de muitas fontes diferentes, mas a maior parte delas entra em setores como o Zoroastrismo, o Hinduísmo, o Gnosticismo, o Maniqueísmo, a Cabala, entre outros. Nossos objetivos principais são três: 1. Formar um núcleo da Fraternidade Universal da Humanidade, sem distinção de raça, credo, sexo, casta ou cor; 2. Encorajar o estudo da Religião Comparada, Filosofia e Ciência; 3. Investigar as leis inexplicadas da natureza e os poderes latentes no homem.

Anotei tudo. Ana parecia interessada no que eu fazia.

– Parece-me que, além de lidar com coisas esotéricas, a Sociedade também tem um pé no campo filosófico e outro no científico...

Ana levantou-se, saiu por uma porta oposta àquela pela qual entramos e logo voltou com um livro antigo de recortes. Seu cheiro era incrivelmente forte e, por isso, pensei que havia muitos outros como este na casa.

– Aqui tem um artigo publicado originalmente na *The New Schaff-Herzog Religious Encyclopedia*[2], assinado por um

2 Livro raríssimo, sem tradução para o português, com poucas cópias que circulam entre membros de algumas Sociedades Secretas. [N.E.]

teósofo, J. H. Russel. Vou ler um trecho para você: *Os ensinamentos da Sociedade Teosófica são ao mesmo tempo religiosos, filosóficos e científicos, postulando um princípio eterno, imutável, presente em todas as outras manifestações. Deste princípio deriva, periodicamente, o universo inteiro, manifestando os dois aspectos do espírito e da matéria, da vida e da forma, positivo e negativo, os dois polos da natureza entre os quais o universo é criado. Estes dois aspectos são inseparavelmente unidos; por conseguinte, toda matéria é animada pela vida, enquanto toda vida procura expressar-se pelas formas.*

Parei para pensar, mas, de todo modo, as palavras pareciam muito sombrias para serem entendidas. Ana percebeu e sorriu novamente. De repente, ouvi barulhos nas salas vizinhas e olhei-a, sem entender.

– Como falei, este local é um canto de estudos. Não estou sozinha; há muitas pessoas que vêm aqui para consultar minha biblioteca e fazer alguns estudos teosóficos.

– Tudo bem. Gostaria que a senhora me falasse um pouco sobre Madame Blavatsky.

– Madame Blavatsky nasceu na Rússia, em 31 de julho de 1831. Seu pai era descendente de nobres alemães e pouco se sabe sobre sua família. Alguns livros dizem que ela já apresentava certas faculdades paranormais quando era criança, pois fazia os móveis se mexerem e os objetos voarem com o uso de seus "braços astrais". Além disso, olhava para as visitas e anunciava, com calma e tranquilidade, a data e a hora de suas mortes.

– Uau! – exclamei – Que simpatia...

Ana sorriu de novo.

– Parece estranho mesmo, não é? A vida de Madame Blavatsky começou a mudar quando foi entregue a um general czarista de 40 anos, Nikifor Blavatsky, de quem herdou o nome. Após três meses de casamento, ela abandonou o marido e viajou para Constantinopla. Naquele momento, iniciou sua corrida pelo mundo. Percorreu o Oriente, a Ásia Central, a Índia, a África, toda a Europa, os Estados Unidos, o Canadá, a América Central e a América do Sul. Foi iniciada na seita dos drusos, de origem muçulmana, e estudou os rituais dos dervixes. Se não me falha a memória, ela assistiu, ainda, aos rituais vudus, percorreu as ruínas do Yucatán, passou três noites dentro da Pirâmide de Quéops e contactou a seita Yamabushi, no Japão.

– Parece uma volta esotérica ao mundo.

– O acúmulo de conhecimento foi uma fase importante em sua vida. Quando passou por Nova Yorque, em 1874, conheceu o coronel Henry Steel Olcott, advogado e jornalista autônomo. Encontraram-se em Clittenden, no estado de Vermont, quando Olcott foi cobrir algumas sessões espíritas que atraíam curiosos para a fazenda de um lavrador chamado William Eddy. Ficaram muito amigos e, mais tarde, Olcott recebeu uma carta de uma irmandade denominada Irmandade de Luxor, da qual Madame Blavatsky fazia parte. O conteúdo da carta era simplesmente: *A irmã Helena vai conduzir-te para a Porta Dourada da verdade.*

– Frases enigmáticas.

– Mas proféticas. Olcott começou a pagar o aluguel de Blavatsky e, um ano depois, viviam juntos. Aos domingos, ela presidia uma reunião com espíritas, cabalistas, maçons, rosacruzes e outros. A 7 de setembro de 1875, enquanto assistiam a uma palestra sobre "O Cânon da Proporção Perdido do Egito", Olcott sugeriu a Blavatsky a fundação de uma sociedade para esse tipo de estudo. Dessa maneira, na noite seguinte, com a presença de 16 testemunhas, nasceu a Sociedade Teosófica, com a presidência de Olcott e Blavatsky como secretária. O termo *Teosofia* é descrito no dicionário como sabedoria divina ou conhecimento de Deus. Assim começou a história de uma das mais difundidas Sociedades Secretas, responsável pelo renascimento do interesse pelas artes e crenças místicas. Tornou-se um funil cultural, de forma que toda sabedoria oculta dos antigos e do Oriente era coletada e transmitida para uma nova geração de potenciais seguidores.

Mais barulho vinha das salas vizinhas.

– Peço-lhe desculpas – disse Ana – Mas há um pessoal de outra Sociedade que veio ajudar a arrumar minha biblioteca em troca de algumas consultas. Claro que aceitei, mas há muitos livros e, portanto, a arrumação demora.

– Não tem problema – falei – Podemos continuar?

– Claro! – abriu de novo seu livro de recortes – Aqui tem um artigo publicado por Madame Blavatsky no primeiro número do The Theosophist, em outubro de 1879[3]. Há um trecho interessante, que fala sobre a existência de teosofistas antes da Era Cristã. Ela diz: *Teosofistas já existiam antes da Era Cristã, embora os autores cristãos atribuam o desenvolvimento do sistema teosófico eclético aos primeiros anos do século III de nossa era. Diógenes Laércio assinala a existência da Teosofia numa época anterior à dinastia dos Ptolomeus; e cita como seu fundador, um Hierofante egípcio chamado Pot-Amun, nome copta que designa um sacerdote consagrado a Amon, o deus da Sabedoria. A história, porém, mostra que ela foi revivida por Amônio Saccas, o fundador da Escola Neoplatônica de Alexandria. Ele e seus discípulos faziam-se chamar "Philaleteios", ou amantes da verdade, enquanto eram chamados por outros de "Analogistas", devido ao método de interpretar todas as lendas sagradas, os mitos simbólicos e os mistérios por uma lei, analogia ou correspondência segundo a qual todos os fatos ocorridos no mundo exterior eram encarados como a expressão de outras*

3 Publicação em revista que marcou o início da Sociedade Teosófica em 1879, pelas mãos de Helena P. Blavatsky. [N.E.]

operações e experiências da alma humana. O ideal de Saccas era reconciliar todas as seitas, todos os povos e nações sob uma fé comum – a crença num Poder Supremo, Eterno e Desconhecido, que governa o Universo através de leis eternas e imutáveis. Assim, ele poderia criar um sistema de Teosofia que abrangesse todo o mundo. Desta maneira, todos os homens estariam submetidos a um princípio comum e todas as falsas religiões seriam desmascaradas. Enfim, todos os homens seriam filhos de uma mesma mãe, e tornar-se-iam mais unidos. Por isso, os sistemas Budista, Vedantino e Mago, ou Zoroastrino, foram ensinados na Escola Teosófica Eclética juntamente com todas as filosofias gregas. Algumas características do Budismo e da religião Hindu foram registradas entre os antigos teosofistas, como, por exemplo, a afeição fraternal pela raça humana, o indiscutível respeito pelos mais velhos e a compaixão pelos animais. A reunião destes sistemas expressava tanto o desejo de uma disciplina moral universal, quanto a purificação e a contemplação de uma Verdade Absoluta. O objetivo final seria uma composição através da extração de diferentes pensamentos religiosos, de onde sairia uma formação harmoniosa e melodiosa, capaz de ecoar em todo coração que é amante da verdade.

– E sobre a Teosofia, diz algo?

– Sim, está mais à frente. Ah, aqui está: *Teosofia é a arcaica Religião Sabedoria, a doutrina esotérica conhecida em todo país civilizado. Uma "Sabedoria" que todas as velhas escrituras mostram como emanação do princípio divino e cuja absoluta compreensão é tipificada por nomes como o do Buda hindu, o Nebo babilônico, o Thot de Menfis, o Hermes da Grécia, e ainda nas invocações de algumas deusas – Metis, Neitha, Athena, a Sophia gnóstica e, finalmente, nos Vedas, do verbo "saber". Sob essa designação, todos os filósofos do Oriente e do Ocidente, os Hierofantes do velho Egito, os Rishis da Aryavarta, os "Theodidaktoi" da Grécia incluíam todo o conhecimento das coisas ocultas e essencialmente divinas. As séries secular e popular da Mercavah dos Rabinos hebreus eram, assim, designadas apenas como veículo, a capa externa que continha o conhecimento esotérico superior. Os Magos de Zoroastro eram instruídos e iniciados nas cavernas e lojas secretas da Bactriana; os Hierofantes egípcios e gregos possuíam as suas aporrêtas, ou instruções secretas, durante as quais os Mystês se transformavam num Epoptês – um Vidente.*

– Queria saber um pouco sobre as verdades da Teosofia. Ouvi falar que vocês consideravam Cristo como um iluminado, mas o colocavam afastado da divindade.

– Mais ou menos. A Teosofia ensina que a raça humana teve vários estágios de evolução. Em cada estágio surgiu um guia, um Mestre que promoveu o desenvolvimento espiritual e intelectual do homem. A raça ariana, da qual fazemos parte, já teve oportunidade de contactar cinco mestres: Buda, na Índia; Hermes, no Egito; Zoroastro, na Pérsia; Orfeu, na Grécia e Jesus, na Palestina. Acreditamos que o próximo mestre terá como missão reunir todas as religiões em uma só e elevar o homem a um plano superior. Assim, todos terão potencial para se tornarem um Cristo. Todos esses são, para nós, considerados *mahatmas*, palavra em sânscrito que significa "alma grande". Esse termo é empregado para os nossos santos, aqueles indivíduos que acumularam a bondade e a sabedoria de suas existências anteriores. Incluem-se nessa categoria pessoas como Moisés e São Paulo.

– E como é o conceito sobre Deus?

– Pense na religião como uma enorme colcha de retalhos. Para a Teosofia, todas as religiões têm um pouco da verdade. Se juntássemos todas, teríamos, então, a religião perfeita. Acreditamos na Trindade Divina de maneira um pouco diferente. Para nós, as divindades possuem os nomes de Força, Sabedoria e Atividade. Além disso, possuem um quarto elemento, feminino. Blavatsky dizia: "Acreditamos em Deus – no Deus dos cristãos, no Deus da Bíblia? Não. Rejeitamos a ideia de um Deus pessoal, extracósmico ou antropomórfico. Nosso Deus está em toda parte, no interior e em volta de cada partícula invisível de átomo, em cada molécula divisível. Nossa divindade é o ser eterno em evolução permanente, e não o criador do Universo".

– E o lema da Teosofia?

– "Não há religião superior à verdade". Foi traduzido do sânscrito, *Satyan nasti para dharmah.* Essa última palavra foi colocada como religião, embora tenha um significado mais amplo: pode ser doutrina, lei, direito, justiça ou virtude. Assim, podemos interpretar o lema da seguinte forma: "Não há dever ou doutrina superior à verdade".

O barulho continuava. "Que inconveniente!" – pensei – "Quanto barulho para colocar uma biblioteca em ordem!"

– Gostaria de saber um pouco mais sobre Blavatsky e seus sucessores. Por exemplo, fale-me de seus livros e da atual sede internacional.

– Bem, Blavatsky fundou, em Londres, a Escola Esotérica de Teosofia, que incluía poucos estudantes, a maioria deles selecionada pelos próprios teósofos, para que tivessem acesso a conhecimentos mais avançados. O primeiro livro, publicado em 1877, *Ísis sem Véu,*[4] tornou-se um clássico da literatura ocultista. São dois volumes que, juntos, chegam a quase 1.300 páginas. A primeira edição, de 1.000 exemplares, foi vendida a US$ 7.50 e esgotou-se dez dias após o lançamento. Aqui, vemos que Ísis, a deusa egípcia da fertilidade, é o espírito-guia do livro. Mas o foco acabou na Índia, país

4 BLAVATSKY, Helena P. *Ísis sem véu.* 1ª. Edição. Rio de Janeiro: Editora Pensamento, 1991. [N.E.]

que sempre fascinou Blavatsky, e o Egito, por sua vez, ficou em segundo plano. No ano seguinte, saiu o segundo livro, chamado *A Doutrina Secreta*, com 1.500 páginas. Foi baseado no livro mais antigo do mundo, *As estrofes de Dzyan*,[5] e traz revelações interessantíssimas. Uma delas, é de que a vida existe em um cosmo que possui infindáveis universos, nos quais são abrigados diferentes sistemas solares. Cada um destes é governado por um "logos" (uma divindade solar). Tal divindade possui sete ministros, que são os espíritos planetários. Cada planeta é governado por um ser celeste principal e, abaixo dos ministros, estão as hordas de devas ou os anjos.

"Que coisa estranha", pensei, "Lembro-me de ter lido que o livro *As estrofes de Dzyan* nunca foi encontrado". Mas não disse nada para não ofender Ana. Apenas prossegui com as anotações sobre o que ela falava.

– Podemos verificar, também neste livro, que todos os seres vivos passaram por uma evolução em nível progressivo, ou seja, os humanos, os vegetais, os minerais e os sobre-humanos. Assim, até a menor faísca de pedregulho pode ter uma vida muito mais complexa.

– Então, o que acreditamos que não tem vida pode ter? – perguntei.

– Exatamente. A história dos humanos é definida em termos de raças-raízes sucessivas, sendo sete no total. A primeira raça vivia num continente chamado Terra Sagrada Imperecível e era descendente dos habitantes da Lua. A segunda, a dos hiperbóreos, habitava uma faixa de terra próxima ao Polo Norte. Nenhuma delas tinha corpo; por isso, sua reprodução

5 JACOLLIOT, Louis. *As estrofes de Dzyan*. Livro supostamente existente há muitos séculos, inicialmente de posse dos indianos. Em meados do século XIX, acabou por ser atribuído a Jacolliot. [N.E.]

era por meios espirituais. A terceira habitou e se desenvolveu no continente afundado de Lemúria, que ficava ao sul do Deserto de Góbi. Os lemurianos foram os primeiros a possuir corpo e manter relações sexuais. A seguinte era a dos atlanteanos. Hoje, o planeta é ocupado pela quinta raça, a ariana, que surgiu no norte da Ásia e expandiu-se para o sul e o oeste. Entre eles, havia uma sub-raça, os anglo-saxões.

– E as outras duas raças?

– Elas ainda devem aparecer, mas, quando isso acontecer, a humanidade terá chegado ao fim de seu ciclo na Terra. Então, se mudará para um outro planeta, onde recomeçará o ciclo.

– Meio ficção científica isso, não é?

Ana sorriu.

– Para quem não conhece, é assim mesmo.

– E a Sede Mundial?

– Em 1882, a Sociedade adquiriu o parque Adyar, na cidade de Madras, sul da Índia. Mais tarde, em 1905, a sede internacional, que até então ficava em Nova York, foi deslocada para lá, onde se estabeleceu e opera até hoje. Isso faz muito sentido, pois a grande inspiração dos ensinamentos teosóficos está concentrada na filosofia e na religião hindus.

– O conceito de reencarnação está incluso?

– Claro. Para nós, não há redenção ou castigo, como no cristianismo. Para termos o perdão de nossos pecados, devemos passar por uma série de reencarnações até atingir o *Devacham*, o nosso céu. Não há, também, a condenação eterna para os pecados, mas acreditamos que o *Kamaloka*, um equivalente do inferno cristão, é um estado intermediário em que o pecador aguarda a próxima reencarnação.

Arrepiei-me com esse estranho cenário.

– Dê-me licença um instante, vou providenciar um chá – disse Ana.

Ela saiu em direção à porta dupla. As pessoas que arrumavam a biblioteca pareciam estar empolgadas, afinal, o barulho apenas aumentava. "Que tipo de livros deve haver lá?" – pensei. Provavelmente, tesouros tão antigos quanto os que tinha visto na casa do mestre maçom Mauro ou na mansão do Illuminati Adam.

Ana voltou com uma bandeja na qual se via um bule e pratos com biscoitos. Ela serviu a bebida e esperou que eu continuasse.

– Estes são os nossos Degraus de Ouro, passos que o aprendiz deve trilhar para alcançar o Templo da Divina Sabedoria – disse Ana e estendeu-me um papel.

Peguei o folheto e li em voz alta:

– *Os Degraus de Ouro*:

Uma vida limpa,

Uma mente aberta,

Um coração puro,

Um intelecto faminto,

Uma percepção espiritual desvelada,

Ser fraternal para com todos,

Disponibilidade em dar e receber conselhos e instruções,

Senso de responsabilidade e lealdade para com o Mestre,

Desejo de obedecer ao comando da VERDADE, uma vez que colocamos nossa confiança na crença de que o Mestre esteja em posse dela,

Corajosa paciência na injustiça pessoal,

Uma valente declaração de princípios,

Defender corajosamente aqueles que são injustamente atacados, e

Uma visão constante para o ideal humano, de progresso e perfeição, descrito pela Ciência Sagrada.

Ana sorriu de novo. Parecia uma figura de avó, alguém em quem se pode confiar integralmente.

– Para terminar, fale-me um pouco sobre o que ocorreu depois da morte de Blavatsky.

– Em 8 de maio de 1891, ela faleceu em Londres, Inglaterra. Mas já havia uma pessoa que seria sua sucessora: Annie Wood Besant, mulher que respeitava rigorosamente os ensinamentos teosóficos. Quando Olcott morreu, em 1906, Besant o sucedeu à presidência e Alfred Percy Sinnett ocupou o cargo de vice-presidente. Em 1909, Charles Webster Leadbeater, investigador e orador, descobriu um menino de notáveis qualidades, chamado Jiddu Krishnamurti. Começou a educá-lo, juntamente com Besant. Em 1914, Leadbeater mudou-se para Sidney, Besant continuou a cuidar de Krishnamurti e nomeou-o Instrutor Mundial. Em 1929, Krishnamurti renunciou a qualquer autoridade ou papel especial. Em 20 de setembro de 1933, Besant morreu e, no ano seguinte, foi a vez de Leadbeater. A partir disso, surgiu uma série de novas Ordens, muitas derivadas da nossa Sociedade. A mais famosa é a Ordem Hermética da Aurora Dourada, fundada três anos antes da morte de Blavatsky.

Parei de escrever e olhei para Ana.

– A *Golden Dawn*, da qual participou Aleister Crowley? – lembrei-me da música *Mr. Crowley*, de Ozzy Osbourne, e de Jimmy Page, guitarrista do Led Zeppelin, fã confesso de Crowley e colecionador de seus objetos pessoais.

– Essa mesma. Hoje, com mais de um século de existência, a Sociedade Teosófica espalhou-se por cerca de 60 países em todos os continentes.

– Quando iniciaram suas atividades no Brasil?

– A Sociedade Teosófica Brasileira foi fundada, no Rio de Janeiro, no dia 17 de novembro de 1919, por Raimundo Pinto Seidl. Hoje, tem sua sede nacional em Brasília.

– Como é a organização?

– Internacionalmente, estamos organizados em Seções Nacionais, e estas, por sua vez, compõem-se de Lojas e Grupos de Estudos. A maioria deles realiza reuniões públicas com palestras, cursos, debates e outros eventos desse tipo, bem como atividades de confraternização entre os seus membros e simpatizantes, sempre em conformidade com os três objetivos. Além disso, em geral, contam com bibliotecas para facilitar estudos e pesquisas.

E mais barulho.

– Bem, acho que isso é suficiente – desliguei o gravador digital e comecei a colocar minhas coisas na pasta. Tomava o último gole de chá, quando a porta da biblioteca abriu e vozes surgiram.

– Dona Ana, nós acabamos a arrumação...

Quando olhei, não acreditei no que via. Lá estavam Gabriel e Laura vestidos com camisetas nas quais se via escrito *Processo* em letras vermelhas, de maneira discreta, no lado esquerdo do peito. Os dois pararam e olharam-me. Ana observava, atenta, a cena.

CAPÍTULO 8
PROCESSO

Ter conhecimento não é o mesmo que estar
preparado.
Cada pessoa que opta por trilhar um caminho
mísico, seja na Teosofia, na Rosacruz, com os
Illuminati ou com os Templários, deve estar
preparada para absorver o conhecimento e saber
como usá-lo.
Senão, o principal, que é o desenvolvimento
espiritual do ser humano envolvido, não
acontecerá.

Demorou um mês para eu me encorajar e decidir. Depois de pensar muito, resolvi. Iria até a AMORC conhecer o ritual que eles chamavam de *Sanctum Celestial*. Por isso, preparei-me durante a semana para deixar de lado todo e qualquer hábito de pesquisa. Desta forma, compareceria apenas pelo prazer de testemunhar um ritual de uma Sociedade Secreta.

Também haviam se passado trinta dias desde a última vez em que vira Gabriel e falara com ele, na central de estudos de teosofia. O livro já estava pronto e entregue aos cuidados do editor, que preparava o original para publicação. Tudo estava certo, mas a súbita decisão de Gabriel em abandonar tudo para se meter numa sociedade com tendências satanistas me deixava com um enorme peso na consciência. Sentia-me culpado por colocar Gabriel naquela situação, mesmo que indiretamente.

Entrei no ônibus que me levaria para a Loja da AMORC. Durante o trajeto, comecei a relembrar aquele fatídico dia no ambiente teosófico. Gabriel e Laura ficaram completamente sem-graça ao me verem sentado com a teosofista Ana. Esta, ao perceber que havia algo no ar, logo se levantou da cadeira e, com a desculpa de ter assuntos para tratar, retirou-se da sala. Nós três nos olhamos, à espera da primeira pessoa que quebraria o silêncio.

Laura adiantou-se:

– Bem, se alguém precisa falar, que seja eu. Afinal, tudo isso é culpa minha.

– Como assim? – perguntei.

Gabriel, então, manifestou-se:

– Ela é...

– A Oráculo, a pessoa que me contatou pelo Orkut – falei.

– Sim, mas ela é mais do que isso. Laura é uma velha conhecida minha, do tempo em que viajava a Roma para as convenções da Juventude Católica Mundial. Já namoramos por um bom tempo.

Olhei para Gabriel com vontade de pular no seu pescoço.

– Como é? Quer dizer que você a conhecia o tempo todo?

– Na verdade, não – disse ele, cada vez mais constrangido – Só a reconheci quando estávamos na casa do mestre Mauro. No princípio, ela também não me reconheceu, pois fazia dez anos que não nos víamos.

– E agora é a Oráculo, ligada ao culto conhecido como *Processo*. Realmente, as coisas mudam com o tempo...

Laura olhava-me intrigada.

– A verdade – disse ela – é uma só: tínhamos um acordo. Há cinco anos, envolvi-me com o Processo. Sua filosofia é: derrubar os dogmas da Igreja para tornar o mundo melhor, sem a constante presença da religião na vida das pessoas.

– Um motivo bem altruísta... – comentei.

– Há séculos, a religião dita a nossa vida, a maneira como vivemos, morremos, comportamo-nos, entre outros. Foi nessa época, quando fui tentar um emprego no exterior, que conheci os seguidores do Processo. Fui convencida de que podemos ser mais do que somente ovelhas plácidas em um rebanho.

Agitei-me na cadeira.

– Você tem noção do que está falando? – dirigi um olhar penetrante a ela – Você acha que basta uma Sociedade Secreta para derrubar uma instituição tão enraizada quanto a religião?

– Tudo é possível! – disse Gabriel – Quando saí com Laura no sábado, fomos a um lugar calmo e conversamos muito. Ela me contou tudo sobre o Processo e sobre sua busca para abrir uma filial brasileira. Eu posso ser o professor! Tenho conhecimento para isso!

Ana havia voltado. Sentou-se e olhou para Gabriel calmamente, enquanto ajeitava o xale.

– Meu caro amigo, ter conhecimento não é o mesmo que estar preparado. Cada pessoa que opta por trilhar um caminho místico, seja aqui, na Rosacruz, com os Illuminati ou com os Templários, deve estar preparada para absorver o conhecimento e saber como usá-lo. Senão, o principal, que é o desenvolvimento espiritual do ser humano envolvido, não acontecerá.

Laura olhava furiosa para Ana.

– Não importa! – começou a falar agitada – Vocês, das ditas "escolas de mistério", gabam-se de possuir o conhecimento necessário para o desenvolvimento humano. Mas nem vocês se entendem. A Teosofia foi ramificada em vários segmentos, bem como a Rosacruz, os Templários, a Maçonaria...

Levantei-me da cadeira. Sentia dor de cabeça, reação característica quando fico nervoso.

– Então você planejava encontrar um tolo que aceitasse escrever um livro apenas para ajudar a identificar onde estavam as bibliotecas mais significativas?

– Na medida em que você avançou nas entrevistas, usei a influência do Processo para conseguir entrar nos lugares e ter acesso aos livros. Agora, tenho o conhecimento da maioria das Sociedades Secretas para estabelecer a nossa filial brasileira. E Gabriel estará comigo, não é mesmo?

Ela lançou um olhar penetrante para Gabriel. Ele hesitou um pouco, mas logo levantou a cabeça, com um gesto desafiador.

– Serei alguém! Serei um líder! Melhor do que ter conhecimento e não utilizá-lo em proveito próprio!

Ana balançava a cabeça, desaprovando o comentário. Eu não sabia o que falar; não conhecia aquele lado de Gabriel, que falava como outra pessoa.

– Bem, vocês já tiveram o que vieram procurar – disse ela, levantando-se de novo da cadeira – Agora, peço que se retirem. Seus gestos me desagradam e não tolerarei isso no meu próprio terreno.

Os dois trocaram olhares e Gabriel falou:

– Bem, acho que é hora de dizermos adeus, meu caro. Você tem o material de seu livro e eu tenho o meu caminho delineado. Tenho certeza de que vamos nos encontrar de novo e que, em breve, você ouvirá notícias minhas.

Estendeu a mão para me cumprimentar, mas recusei. Olhei-o nos olhos e falei em tom bem sério:

– Não sei se essa Oráculo fez algum tipo de lavagem cerebral em você, Gabriel, mas o fato é que me sinto usado nessa história. Por isso, espero que você não se arrependa da decisão que está tomando. Na próxima vez em que nos encontrarmos, talvez não seja como amigos. Farei tudo o que estiver ao meu alcance para impedir que este mal se espalhe pelo país.

Gabriel recolheu a mão, temeroso. Laura parecia divertida.

– Este país? Ora, se você se considera um bom jornalista, já deve saber que o Brasil é o melhor lugar para exportar seitas e credos. Já notou quantas igrejas evangélicas nasceram aqui e tornaram-se impérios que se espalharam pelo mundo? Aqui é o paraíso do credo. Quer melhor lugar para lançar nossa cruzada pessoal? Mas de uma coisa tenho certeza: realmente não será como amigos que nos reencontraremos. Por isso, aproveite bem seu livro e aprecie sua carreira de escritor. Adeus.

Os dois dirigiram-se para a porta dupla e desapareceram. Sentei-me de novo e coloquei as mãos na cabeça. Sentia uma mistura de raiva, desespero e culpa. Como pude deixar-me enganar dessa maneira? Ana percebeu e colocou sua mão sobre a minha cabeça.

– Não se culpe – disse ela – Eles escolheram seus próprios caminhos. Não há absolutamente nada que você possa fazer.

– Fui eu quem colocou os dois em contato – falei – Se não tivesse respondido ao anúncio dela, Gabriel nunca a teria reencontrado e ela não o teria convencido a juntar-se a esta causa.

Ana balançou negativamente a cabeça.

– Ela não convenceu ninguém. Ele sempre quis a oportunidade de ser um "líder". Não ouviu o que ele disse?

Fazia sentido. Em várias ocasiões, percebi Gabriel insatisfeito com seu trabalho e com sua vida. Frequentava as reuniões da Juventude Católica, mas sempre me pareceu que era mais por tradição do que por vontade própria.

– Agora, só resta você escolher o seu caminho – falou Ana, completando o pensamento.

Respirei fundo, terminei de guardar minhas coisas e agradeci pela entrevista. Ao sair, pareceu-me ter visto o carro de Gabriel em uma esquina próxima, com os dois me observando lá dentro. Sacudi a cabeça e pensei que já estava ficando paranoico. Entrei na estação do metrô e fui embora.

Nos dias seguintes, confirmei no trabalho o que já sabia: Gabriel estava mesmo desligado da empresa. Ninguém mais atendia seu telefone celular e mesmo sua mãe, que morava com ele, informou-me que ele fez as malas e partiu para outro Estado. Fiquei abismado com a rapidez com que ele tinha tomado as decisões. Mas logo me lembrei do que Ana dissera: isso era mais um sinal de que ele esperava apenas por uma oportunidade de escapar da vida monótona que levava.

Mas ainda achava estranho: o que leva uma pessoa a mudar tanto assim? O que há dentro de nós que pode provocar tais reações? Seria esse o velho costume humano que nos assombra há tanto tempo, o de querer descobrir quem somos, de onde viemos e para onde vamos? Seria simplesmente essa sede de descobrir mais sobre nós mesmos que forçou Gabriel a embarcar em uma aventura dessas ao lado de uma namorada antiga? "Jamais saberei", pensei. O que se passa na cabeça de um ser humano é assunto proibido, um tabu para outras pessoas.

O ônibus deixou-me a algumas quadras da AMORC. O dia estava ensolarado e até conseguia ouvir pássaros cantando nas ruas próximas à Loja. Encaminhei-me para lá e olhei para o meu relógio, que marcava uma e meia da tarde. Às duas horas, as portas duplas de bronze se abririam e começaria mais um dia de atividades.

Quando cheguei ao local, tive a impressão de que se passara uma eternidade desde que estive lá pela primeira vez. Um dos sócios da Ordem entrava por um portal lateral e fez sinal para que eu também entrasse. Ele me explicou que, se quisesse, poderia chegar um pouco mais cedo e utilizar aquele portão até que as portas principais fossem abertas. Agradeci a ele e entrei no prédio pelos fundos. Subi algumas escadas e encontrei-me no saguão principal. Os encarregados estavam reunidos em um círculo em frente às portas de bronze, orando para terem um bom dia. Sentei-me em uma poltrona e aguardei.

Ainda pensava no que aconteceu quando senti alguém pegar no meu braço. Era Valéria, a mesma rosacruz que tinha me atendido quando fui conhecer a Loja.

– Olá! Que bom que você voltou! Espero que não tenha vindo a trabalho...

Sorri para ela.

– Não, vim conhecer o *Sanctum Celestial.* Ainda é aberto ao público, não é?

– Claro, mas você vai precisar de um passe de visitante. Venha, vamos à secretaria e eu te arranjo um.

Acompanhei-a por dois lances de escada até a secretaria. Ela apanhou um cartão azul e escreveu meu nome nele. Quando me entregou, fez uma cara de espanto:

– Está sozinho? E seu amigo?

– Ele foi embora.

– Sinto muito.

– Amizades acabam.

Ela me olhou fixamente.

– Somente aquelas que não estão bem sedimentadas. Uma verdadeira amizade deve ser recíproca. É o que aprendemos por aqui. O sentimento de fraternidade não é exclusivo das igrejas, mosteiros, mesquitas ou sinagogas. Somos todos fráteres e sórores...

Devo ter me mostrado mais chateado ainda.

– Quer me contar o que houve?

Contei a história de maneira resumida. Ela escutou e concordou:

– Já imaginava. O pessoal da biblioteca havia comentado comigo que os membros do Processo tinham certa influência. Mas não imaginava que fosse para isso.

Concordei com a cabeça.

– Espero que não haja nenhuma notícia do tipo *Rapaz ligado a Sociedade Secreta é encontrado morto*, ou algo assim – falei.

– Rezemos para que não – concordou ela – Mas venha à fila para o *Sanctum Celestial*... Está se formando.

De fato, havia uma fila. Valéria ainda estava comigo e continuou a conversa:

– Pense apenas que ele encontrou seu caminho.

– Você é a segunda pessoa a me dizer isso. Uma teosofista também pensa desse modo.

– Então deve ser isso mesmo.

– Mas como alguém pode assumir que esse seja seu caminho?

– Quando você confia em que está vivo para um propósito e sente-se compelido a cumprir determinada jornada, pode, facilmente, concluir que há um caminho que deve ser seguido. Ninguém, a não ser você mesmo, pode reconhecer uma situação assim.

– E se você descobrir que está errado?

Valéria sorriu.

– É por isso que Deus nos deu livre-arbítrio, não acha? Para descobrirmos nossos erros e podermos começar tudo de novo.

Olhei para a fila.

– E o conhecimento não pode nos ajudar a cometer menos erros? – perguntei.

– Pode ajudar a reconhecer, de maneira mais nítida, qual é o seu caminho. A intuição é mais do que um "poder mágico"; é uma qualidade que os humanos deixaram de lado, por não ter uma base lógica ou científica. Mas ela existe e, se bem aplicada, pode tornar-se uma grande aliada.

De repente, um sino soou, a porta da sala do *Sanctum Celestial* se abriu e uma mulher apareceu.

– Está na hora – disse Valéria – Vá e relaxe.

– Mas o que faço?

– Não se preocupe. Siga as instruções que te darão. Depois nos falamos.

Valéria desceu as escadas e segui a fila. Entrei em uma sala escura, iluminada apenas por algumas lâmpadas azuis. O caminho era delimitado por tiras de carpete que levavam aos bancos dispostos nas laterais. No fundo, via-se o símbolo da Rosacruz. Sentei-me em um dos bancos e relaxei. Uma doce música instrumental soava ao fundo.

Os últimos acontecimentos ainda me perturbavam um pouco e algumas coisas que tinha escutado ficavam ecoando na minha mente:

"Serei alguém! Serei um líder! Melhor do que ter conhecimento e não utilizá-lo em proveito próprio!"

"A intuição é mais do que um 'poder mágico'; é uma qualidade que os humanos deixaram de lado, por não ter uma base lógica ou científica."

"A pessoa deve estar preparada para absorver o conhecimento e saber como usá-lo. Senão, o principal, que é o desenvolvimento espiritual do ser humano envolvido, não acontecerá."

A porta se fechou e um fráter aproximou-se do microfone:

– Fráteres e Sórores, iniciaremos o *Sanctum Celestial.*

Naquela sala, preenchida com cheiro de incenso e música profunda, os sentimentos fluíram de maneira mais fácil. Senti uma paz muito grande e acreditei que havia encontrado o meu caminho. Pelo menos, o começo dele.

CTP, Impressão e Acabamento - IBEP Gráfica